W9-BGF-309

El Once
Un recorrido personal

El Once
Un recorrido personal

Marcelo Birmajer

Leandro N. Alem 720, (1001) Ciudad de Buenos Aires

ISBN-10: 987-04-0357-3
ISBN-13: 978-987-04-0357-9

Hecho el depósito que indica la ley 11.723
Impreso en la Argentina. *Printed in Argentina*
Primera edición: abril de 2006

Ilustración de cubierta: Pablo Bernasconi, *El Once*, 2006
www.pbernasconi.com.ar

Una editorial del Grupo Santillana que edita en:
Argentina - Bolivia - Brasil - Colombia - Costa Rica - Chile - Ecuador - El Salvador - España - EE.UU. - Guatemala - Honduras - México - Panamá - Paraguay - Perú - Portugal - Puerto Rico - República Dominicana - Uruguay - Venezuela

Birmajer, Marcelo
El Once : un recorrido personal - 1a ed. - Buenos Aires : Aguilar, Altea, Taurus, Alfaguara, 2006.
192 p. ; 24x15 cm.

ISBN 987-04-0357-3

1. Narrativa Argentina. I. Título
CDD A863

Índice

A Sarah, la número 10

Nota previa

Este libro es un recorrido por el barrio de Once. Pero no es un recorrido lineal. Los historiadores se afanan por borrar todo signo de incoherencia en el transcurso implacable del tiempo —el día 11 viene antes del 12; lo que ocurrió el 12 no modifica los sucesos del 10—. Los escritores, por el contrario, desordenan el tiempo a su antojo: viajan al pasado o adelantan el futuro. Para recorrer mi barrio en este libro, he tomado las herramientas de ambos.

Desde mediados de los noventa, casi la totalidad de mis ficciones transcurren en el Once. No podría haberme disparado hacia el caos de las invenciones sin una base sólida, objetiva, de la cual partir. Pero lo he deformado y reinventado: porque no hay otro modo de describir el alma de un lugar que desde nuestro propio punto de vista. Por muy desagradable que suene la palabra "alma", no encuentro otra mejor para expresar este dilema, aun siendo el alma un dilema en sí misma.

Yo puedo contar que el Once es un barrio de clase media. Puedo contar cómo la arquitectura del Once se modificó, levemente, entre los setenta y los noventa. Pero no me alcanzan los datos para explicar el hecho de que, cuando nuestros padres se establecieron en el barrio, buscaron departamentos que se destacaran por lo modernos y confortables, con una cierta cantidad de pisos y ascensor; mientras que sus hijos siguieron una tendencia inversa: casas antiguas para refaccionar, PH, mejor si no eran departamentos, y abandonaron el barrio en busca de esas locaciones.

No puedo explicar exclusivamente con las herramientas de la Historia las pequeñas historias de los padres que vivieron toda su vida en la misma casa, en contraste con las de los hijos que nunca pasaron más de un lustro en el mismo barrio, cambiando de casa con tanta facilidad como cambiaban de pareja o de país.

Ni las fechas, ni la geografía exacta, ni los datos brutos ni las estadísticas, son vehículo suficiente para recorrer el Once. Pero sin las fechas, la geografía, los datos o las estadísticas tampoco podría haber comenzado el recorrido.

Decidí, entonces, entroncar parte de la historia centenaria del barrio con las historias inventadas que este mismo barrio me ha sugerido a lo largo de toda mi vida adulta, desde hace ya más de una década.

Sospecho que al terminar el libro el lector tendrá una visión bastante aproximada de cómo el Once surgió y se desarrolló hasta nuestros días; pero también que le quedarán pendientes nombres y datos porque, como dice el título, es un recorrido personal y decididamente subjetivo, con todas las limitaciones que esto supone.

Sospecho que, al cerrarlo, sentirá mi propio desconcierto ante el hecho incomprobable de que ciertas concentraciones geográficas y temporales, de personas, calles y cosas, transitan por un mundo que no termina de obedecer ni de rechazar las reglas de la realidad. El barrio muta mientras lo escribo. Más que lugares donde vivo, son lugares donde viví.

Durante mi infancia en el barrio, a media cuadra de la esquina de Tucumán y Uriburu, la opuesta a la hilandería, pegado a la peluquería Adán —un lujo del Once—, se alzaba un baldío. En los cantos superiores de las paredes del baldío, como un modo de impedir el acceso, se encrespaban, pegados con cemento, pedazos de vidrios rotos. Pero por algún lado podíamos entrar, porque recuerdo las ortigas, tesoros tales como pelotas desinfladas y revistas para adultos; y una vez, un caballo pastando. Cada tanto un mendigo tuerto nos asustaba sin despertarse, tirado sobre las espinas.

Mi barrio nunca tuvo nombre, y las explicaciones para su apodo, Once, son más de diez. La mía es que allí se nos entregará alguna vez el Once Mandamiento: no una nueva prohibición, sino el modo de uso de los otros diez, para que finalmente los pongamos en práctica.

Esperanzado por esta posibilidad, nunca terminé de irme del barrio. Especulaba, y todavía especulo, con que ese Once Mandamiento sería entregado en el baldío, que ya no existe, y que el mendigo lo leería, para todos, con su ojo faltante.

Introducción

Azules las veredas
y negro el tafetán
los peies y las barbas
el paso y la kipá
el paso y la kipá

Mujeres con pelucas
y otras sin pudor
caminando mis calles
iguales bajo el sol
iguales bajo el sol

Polleras largas negras
blusas con almidón
y hasta el aire parece
cumplir la tradición
y hasta el aire parece
cumplir la tradición

Dos niños que se apuran
y el padre va detrás
acaban de bañarse
porque empieza el shabat
porque empieza el shabat

Yo miro a los dos niños
con peies y kipá
y cuento mis pecados
innumerables

Abandono mis tiendas
y no guardo el shabat
como carne de cerdo
yo no cumplo Torá

Tal vez en las alturas
D's me perdonará
y si no me perdona
ya me ha dado mucho

Una mujer pagana
voceando su café
las extrañas coreanas
y Sefarad también

El boio, las baklabas
el kipe, el lasmashim
Oasis de mis calles
Oriente askenazí

Negocios de camisas
y calles del ayer
palabras en hebreo
y marcas en inglés

Camino por mis calles
y no puedo olvidar
un pozo, una tragedia
la muerte, la maldad

Pero mi barrio es dulce
y oculta una verdad
el Once Mandamiento:
la vida seguirá
el Once Mandamiento:
la vida seguirá
la vida seguirá

I

La calle Tucumán del Once

La calle Tucumán recorre el barrio del Once como una decisión. Hacia Pueyrredón, hacia Agüero, es el sendero de las sinagogas, de los judíos practicantes de levita, crenchas y solideos; de las casas del ayer y algunas pocas palabras en hebreo. Hacia Junín, hacia Callao, camina el buscador de libros nuevos, de cines y luces de colores, de modestos rascacielos y placeres terrenales. En Tucumán y Junín, la intersección exacta entre estos dos mundos, se ha reunido un ramillete de tiendas de videos pornográficos: las mujeres de las fotos que ilustran las cajas de cartón mantienen inmutable su mueca lasciva.

Coreanos y bolivianos venden pastillas de menta, gaseosas y pilas en maxiquioscos pálidamente iluminados. En la misma esquina, por las noches, puedo escuchar guerras tribales cuyo origen desconozco: suenan palos y gritos. En el umbral de un negocio abandonado, duermen media docena de borrachos; por encima de la solapa de uno de ellos, asoma un cartón de vino.

Y sin embargo, la calle está igual que cuando nací. Es cierto, los negocios han cambiado, pero la panadería todavía se llama Tío Pepe. Una calle es más que sus negocios, es más que su asfalto y quizá más que su nombre. Una calle es sobre todo la memoria que de ella tenemos, y no es imposible bañarnos dos veces en la misma calle.

La esquina de Tucumán y Agüero está igual en mis recuerdos y en la vida. En el pedazo de cielo que le toca, sale siempre la primera estrella el día viernes. Y el color del atardecer en esa esquina no ha cambiado con los años.

En esa esquina, cuando salía del jardín de infantes Dr. Herzl, se me cayó un maní de mi cucurucho de papel de diario, y mi hermano me dijo que no lo recogiera.

II

Una charla con Helueni

Mi primer recuerdo de una extracción de sangre propia está vinculado a una masita turca llamada kadaífe. Supongo que me habrán sacado sangre con anterioridad, y que habré probado esa pasta empalagosa un par de veces antes de la primera de la que tengo recuerdo. Pero mi memoria afirma: la primera vez que me sacaron sangre, a los siete años, mi madre, para que me recuperara, llevó consigo un envoltorio con media docena de kadaífes. El kadaífe también se llama "deditos" y es una suerte de cañón de hojaldre mágico, compacto, relleno de nueces y misterios, almibarado y de un dulzor místico o intolerable, lleno de Oriente, de judíos de Arabia.

La confitería se llamaba, y se llama, Helueni.

Los hermanos Helueni, Alberto y Moíse, trabajan en el negocio desde 1964; comenzaron con el padre. Alberto tenía entonces doce años, y Moíse siete. Entre los dos me cuentan esta historia que arranca en el Medio Oriente, en Siria y Egipto, y continúa en Argentina y en la sangre.

"El apellido verdadero nuestro es Mansura. Ése es el apellido que usaban mis abuelos y mi papá, en Siria. Helueni es un apellido que significa 'dulcero'. Y es el apellido que la familia adoptó en Argentina. Era muy habitual esa asociación de apellidos y labores. El carnicero, por ejemplo, tomó el apellido Laham, que viene de 'carne'. Mis tíos abuelos llegaron a la Argentina, desde Siria, en el 1900.

"Mi abuelo emigró, primero, desde Alepo, Siria, a El Cairo, Egipto. Y desde Egipto, vinieron para la Argentina.

Llegaron con mi padre en 1921. La familia de mi madre era Zahiad, aceiteros, vinieron directamente desde Siria, Alepo. Todos judíos sefaradíes. Nos sentimos más identificados con la música árabe que con la música ídish."

El primer negocio en el que trabajaron los dos hermanos, desde 1964, estaba en la calle Paso, entre Tucumán y Viamonte. Ahora lo tienen en Córdoba y Larrea, sobre Córdoba. "Yo trabajo en este negocio desde los doce años, ahora tengo cuarenta y nueve. Dejé la secundaria para laburar. Igual que Moíse, que tiene 44.

"La mujer de Moíse se llama Analía Sadosky, 'rusa' (askenazí), la única 'rusa' de la familia, trabaja acá. Y mi mujer, sefaradí, es asistente social. Tengo dos mellizos, de doce años. Y Moíse tiene tres hijos, un muchacho de diecisiete, una nena de catorce y otra de diez.

"Mi viejo ya tenía una proveeduría de comidas sefaradíes, más bien un despacho de comestibles, desde el año 1930. Y en la calle Tucumán, en esa época, tenía un horno gigantesco, donde no sólo te vendían comida sino que los judíos sefaradíes del Once se traían la carne condimentada nada más que para cocinarla en ese horno."

Un espectáculo interesante para presenciar en Helueni es que nadie paga en el momento de retirar la comida: todo es autoservicio y, al terminar de comer, el cajero —Moíse o Alberto— le pregunta al comensal qué comió. El comensal responde y se le cobra en función de su palabra.

"Cuando teníamos el negocio en la calle Paso, poníamos un barril de aceitunas por la mañana, y al atardecer más de la mitad eran carozos, de todos los que picaban, gratuitamente, 'una' aceituna."

"Hay un antes y un después, para toda la colectividad, de lo que fue la bomba en la AMIA. El primer golpe fuerte para mí fue la bomba en la Embajada de Israel. Me acuerdo muy bien, mis hijos tenían tres años y me llamaron del jardín para que fuera a buscarlos. Después del atentado a la AMIA cambió el humor de la comunidad. Eso en el negocio se notó mucho: la gente hacía menos fiestas, menos reuniones. Desde entonces, falta alegría.

"Acá estamos a dos cuadras del edificio de la AMIA. Tembló el negocio. Se cayó esa lámpara que está ahí, la dejé así. Yo ese día salía de mi casa, yo salgo casualmente a esa hora, a las diez menos cuarto, salí ese día un poquitito más tarde. Y cuando salgo de mi casa veo como un huracán de polvo y no entendía qué había pasado. Y me impacta sobre todo el telón de humo. Alguien me dice: 'Parece que tiraron una bomba en un templo'. Y yo pensé que era en el shil al que yo siempre voy a rezar, el shil sefaradí de la calle Lavalle. 'Parece que volaron la puerta', decían. Pero nunca me imaginé lo que había pasado. Cuando sigo por Córdoba, miro hacia el edificio de la AMIA, ese edificio imponente, y veo que no está. ¡Que no está! ¡Dios, el edificio no existe! Cerramos el negocio: la gente corriendo, los heridos, parecía Vietnam, una película, la guerra.

"Mis hijos van a escuela judía, y no tengo miedo. Me la banco. Seguimos viviendo. A los cuatro, cinco días del atentado a la AMIA escucho una señora decir: 'Pobre el portero, que estaba al lado de la AMIA, murió por culpa de los judíos, todo culpa de los judíos: ¿por qué no se matan entre ellos?'. Me puse tan violento… una señora mayor. Le dije que eran seres humanos, pero no lo entendió."

"Yo nací, crecí y viví toda mi vida en el Once", dice Moíse. "Me gusta todo del Once. Pero especialmente los amaneceres de la calle Tucumán. Nosotros íbamos al colegio por Tucumán… el caminar de la gente. Nosotros, cuando chicos, vivíamos en Jean Jaures y Lavalle, y el Once dura desde Jean Jaurés, por Lavalle, hasta Callao, y ahí termina. El atardecer de la calle Lavalle, y el amanecer en la calle Tucumán.

"Íbamos por Lavalle hasta nuestro colegio, enfrente del Quintana, el colegio Talmud-Torá. Pero ninguno de nosotros salió religioso. En esa época, se pagaba sólo la cooperadora, como un colegio estatal.

"Nos reunimos para las fiestas judías: Pesaj, Kippur, Roshashaná. Nos reunimos como sesenta Heluenis. Cocinan todas mis hermanas y cuñadas: comida para trescientas personas, la gente no se va más. Es un carnaval gastronómico.

"Para seguir viviendo hay que seguir trabajando y tener fe en este país. Es un país rico, es un país dulce. Y tiene cosas... yo no podría irme nunca de la Argentina. Con la crisis económica del 2001, y de la comunidad judía en particular, las ventas bajaron entre un treinta y un cuarenta por ciento. Pero yo no me podría ir de Argentina... Yo me voy de vacaciones quince días a Brasil y a los diez días ya estoy pensando en volver porque no me acostumbro a no caminar por la calle Lavalle, por la calle Tucumán, por la calle Pasteur. Tengo nostalgia. Yo no *me podría vivir fuera de este país*... de este barrio."

—¿Dónde comés al mediodía?

—Acá.

III

La kipá

Mordejai comía un boio y un kipe en un restaurante de comida sefaradí del Once, sobre la calle Tucumán. Aunque pertenecía a una familia asquenazí y desde su infancia había sido atosigado con kreplaj, kneidalej y knishes, alcanzada la edad de la razón prefirió siempre las comidas orientales.

Eran cerca de las doce del mediodía y Mordejai, luego del rezo matutino, comía desganado, con ropa informal; la kipá adosada con una hebilla al cabello era el único detalle revelador de su vida religiosa.

Entró en el restaurante el rabino Blender y lo saludó con un ademán de cabeza; se sentó en una banqueta próxima, frente a él. Mordejai terminó el kipe, pero no se decidía a dar cuenta del boio; apoyó el mentón en su mano y miró la gaseosa llena por la mitad. El rabino tuvo que chistarle dos veces para que Mordejai lo atendiera.

—¿Qué pasa, Mordejai? ¿No comes tu boio?

—No sé —contestó Mordejai.

El rabino se acercó a su banqueta.

—¿No sabes? —le preguntó divertido—. ¿No tienes hambre?

—Hambre tengo —contestó Mordejai—. No tengo ganas de comer.

—¿Cómo es eso? —preguntó el rabino sin perder la sonrisa.

—Mejor le cuento otra cosa. Anoche tuve un sueño.

—¿Un sueño? —preguntó el rabino—. ¿Triste?

Blender fue nuevamente hasta su banqueta, recogió el lasmashín que se le enfriaba, y regresó junto a Mordejai.

—Confuso —dijo Mordejai—. A mí me entristeció, pero no era triste.

—Mordejai, Mordejai, eres muy ingenioso, pero no seas soberbio. Tienes hambre pero no ganas de comer, te ha entristecido un sueño que no es triste...

—Pero... soy una de las personas más sencillas que conozco. Ahora mismo le voy a contar mi sueño y usted lo va a entender, va a entender qué significa. Yo no.

—Te escucho —dijo el rabino.

—Soñé que vivía en Polonia. En el pueblo de mi abuelo. Salía por la mañana a labrar la tierra. Varios jóvenes, todos con kipá, cantábamos y corríamos. No nos molestaba ir a trabajar. A mi lado corrían campesinas polacas, rubias, carnosas, yo rodaba con ellas por el pasto y las besaba, las mordía... ¿Le puedo contar esto?

—Claro —dijo el rabino—. Uno no es culpable de lo que sueña.

—¿Uno no es culpable de lo que sueña? —preguntó Mordejai interesado.

—Claro que no —insistió el rabino.

—Entonces le cuento más tranquilo. Rodábamos con las campesinas y luego seguíamos camino hacia el campo que debíamos labrar. Llegábamos, esparcíamos las semillas e inmediatamente brotaban los frutos. Bastaba con echar las semillas. Dios nos amaba. No existía el sacrificio ni el esfuerzo, eso se sentía en el aire.

—Hum —lo invitó a seguir el rabino.

—Eso era todo el sueño.

—No entiendo qué es lo que te preocupa.

—Le dije que todos llevaban kipá. Todos, menos yo.

—¿Ésa es tu preocupación? —preguntó el rabino.

—Sí. Llevamos la kipá para expresar nuestra humildad ante Dios. ¿Es soberbia estar sin kipá en un sueño?

—Creo que no —dijo el rabino—, en tanto uno no puede decidir qué sueña.

—Si un viento fuerte me vuela la kipá y yo no me esfuerzo en recogerla, ¿es soberbia?

—Sí —dijo el rabino—, porque no te preocupa que tu cabeza esté descubierta ante Dios.

—¿Y por qué no es soberbia si me la quita un sueño?

—Ya te lo dije tres veces. Porque no elegimos nuestros sueños.

—Tampoco elegimos el viento.

— Eso es un sofisma. El viento del que me hablas, el que te vuela la kipá, pertenece a la vigilia, y es en la vigilia donde se te juzgará por esforzarte o no en cubrir tu cabeza. En un sueño, nada podemos hacer.

—Rab —dijo Mordejai avergonzado—. En ese sueño yo era muy feliz.

—¿Por qué eras tan feliz?

—Porque no debía esforzarme para gozar con las mujeres, no debía sacrificarme para lograr una buena cosecha y porque sobre mi cabeza no había nada, ni una kipá.

—¿Y por qué piensas que el resto de los hombres del sueño llevaban kipá?

—Porque ellos no estaban soñando.

IV

La verdadera historia del Once, por Nimrod

David jugaba a los caballos. Apostaba a la cabeza de tal o cual matungo, y si el caballo ganaba, él ganaba dinero. Y si perdía, perdía dinero. Su hija atendía las mesas y se quejaba de que su padre "jugaba". Un día perderían el bar.

Yo todavía vivía en lo que luego sería mi estudio; y me dejaba llevar por Valentín Gómez hasta Agüero, donde David podía levantar un lunes con mollejas al verdeo, o aplacarlo, después de la comilona del domingo, con un filet de merluza a la plancha. Así como Nechito arruinó el kiosko de diarios de su padre Necho, así David debió vender el bar —luego de patinarse los morlacos en cuatro fijas falsas durante cuatro meses— a unos rotiseros o rostiseros, que luego lo traspasaron a unos coreanos que casi transforman el bar en mercadito autoservicio, para dejarlo en manos de unos peruanos que efectivamente lo regentearon como bar y restaurante, vendiendo gallina, ceviche de pescado y mariscos varios.

Años antes de que el bar cambiara de dueño, un día que pedí estofado, la hija de David me dijo burlona: "Éste es el matungo que hizo perder a mi viejo: es lo último que nos queda y te lo estoy sirviendo con arroz".

Asustado por el anticipo del fin, permanecí en el bar-restaurante como si pudiera retenerlo, tomando un café de filtro, lavado y hasta insaboro. Fui atacado por el paisano Nimrod, el que lo sabía todo del barrio y aseguraba que yo no sabía nada.

—¿Once Mandamiento? —me gritó Nimrod—. ¡Estás mishíguene, perdido, delirando! El Once se llama Once por la revolución liderada por Valentín Alsina contra Urquiza, sita en el tiempo el 11 de septiembre de 1852, para lograr la secesión de Buenos Aires. ¿Y por qué le mentís a la gente que Ashem le dará a un habitante de este barrio el Once Mandamiento oculto, si el Once ni siquiera existe?

—Me decís que se llama Once por la revolución de Alsina —musité—. Una revolución que, hasta donde sé, unos años más tarde dio como resultado la década de Buenos Aires autónoma, sin pagar impuestos a la Nación... Quiero decir, realmente tiene sustento tu teoría... Pero después agregás que el Once no existe...

—El Once se llama Once, pero no existe. ¿No leíste *El caballero inexistente*, de Italo Calvino? ¡Pero qué vas a leer, apóstata! Un barrio inexistente puede tener nombre, pero el barrio existente se llama Balvanera, en recuerdo de un santo gentil. Valvanera es un valle de la región de La Rioja, en la provincia española de Logroño. Allí mismo el bandido Nuño Oñes —llamalo Mate Cosido en Argentina—, recibió a la Virgen del Valle y abdicó del delito para entregarse a esas otras dos herejías: la pobreza optativa y la castidad. Y vos insistís, no obstante, con el origen misterioso de este barrio. ¡Hereje! ¡Apóstata! Mentiroso.

Intenté apaciguar a Nimrod citándole el alma, que no la geografía ni la historia real de mis aposentos generales, pero pareció desacatarse aun más.

—Reconocé, reconocé, falsario, traidor, que en estas mismas comarcas lo primero en alzarse fue la capilla de Nuestra Señora de Balvanera, dirigida por fray Damián Pérez, religioso franciscano, en las décadas finales del 1700.

—No me hable de "vos". —Hice el esfuerzo por llevarlo a la calma por medios estilísticos. —Tráteme de "usted", o de "tú", al menos mientras se refiera a estos acontecimientos.

—De 1799 hasta 1831, no fue más que una capilla. Y entonces, convirtiose en parroquia, gracias a monseñor Mariano Medrano y Cabrera.

—¿Cuánta gente había por entonces? —especulé, porfiado en morigerar su tono inquiriéndolo sobre datos reales que indudablemente manejaba. Y, de paso cañazo, tratando de establecer que los verdaderos habitantes del barrio llegaron fuera del tiempo, en un año innominado, en un siglo desconocido. O que nacieron aquí mismo, sin saberlo, amarillos como coreanos, morenos como peruanos o bolivianos, o judíos a secas, como brotan en el campo las espigas.

—En 1837 tenías…

—No me trate de vos, por favor.

—Tenía usted alrededor de cuatro mil vecinos. —Pareció templarse. Pero de inmediato arremetió: —¿Y la plaza Miserere? ¿De qué mandamiento la quieres sacar? ¿De qué hebraísmo la vas a inventar? ¡Si viene del latín, canalla, imberbe, facedor de infundios! Miserere significa 'ten compasión' y… ¿adivina qué sucedía en las cercanías de esta plaza? ¿Qué sucedía en los alrededores de esta plaza a la que en la década de 1860 llamarían Once de Septiembre, pero que entonces no era sino un llamamiento a la piedad? ¡¿Qué sucedía?!

—No lo adivino —musité.

—¡Se faenaba a esas criaturas de Dios: las vacas! ¡El Matadero del Oeste, zopenco! Ni eso sabes.

—Al menos ahora me trata de tú. Pero avéngase a reconocerme este detalle: llamar Miserere a un matadero, es idea netamente kosher: ¿porque dónde, sino en la matanza ritual judía, se estipula la piedad por la víctima animal del cuchillo?

—Paparruchas, cretinadas. No aceptas que bajaste de un barco a un sitio que ya estaba construido y nominado.

—Tal vez nos reunimos aquí porque llamaban Miserere al matadero.

—Y sigues inventando, payaso. Tal vez la llaman Miserere por el misericordioso Antonio González Varela, terrateniente y capitoste de estos pagos durante el siglo XVIII, que donó el terreno a fin de que se erigiera allí un hospital para los monjes franciscanos*, un reposo en su camino hacia el Norte del país.

—Tal vez fue el devenir desde siempre pacífico y silencioso de la zona... —procuré interceder.

—¿Siempre pacífico y silencioso? ¡Y sigues mandando fruta! —me lapidó Nimrod—. ¿Dónde sino en esa plaza trepidó la Nación argentina, dónde sino en esa plaza se reunirían los voluntarios listos a sumarse a la avanzada de Liniers contra el general William Carr Beresford, en agosto de 1806, determinando, los castizos y criollos triunfadores, que fuera Once y no *Eleven* el nombre final de nuestra comarca barrial?

—Me rindo —dije como Beresford.

—Las invasiones inglesas... Liniers triunfador, Beresford vencido, los corrales de Miserere, 1806... —arremetió impiadoso Nimrod—, ¿qué me puedes decir al respecto, pacifista a la violeta, difamador...?

— Sólo "me rindo" —capitulé.

—¿Quieres saber la historia de tu barrio, alcornoque, inventor? En la segunda invasión inglesa, 1807, es Liniers el que se rinde, allí mismo, aquí mismo, a pocas cuadras de este bar del jugador empedernido. En 1811, los vecinos partieron de esta plaza para armar la maroma que daría la victoria a los saavedristas contra los morenistas. El mercado —muy parecido a lo que luego sería el Abasto, pero en la plaza— comienza a formarse alrededor de 1825, sólo de frutos. Y hay que esperar hasta 1853 para que el hasta entonces denominado Mercado del Oeste pase a llamarse Once de Septiembre —sí, en esta misma plaza, donde Tanguito, enfrente, compuso *La balsa*—.

* Cutolo, Vicente, *Historia de los barrios de Buenos Aires*. Buenos Aires, Elche, 1996.

¿Y tu falso mandamiento, apóstata, qué pito toca en esta historia vera y sin ambages? ¿O acaso toca el silbato sano y tangible del tren, que llegó al apeadero del Once en la vertiente del Ferrocarril del Oeste, en 1857, anunciando la estación donde hoy se venden ballenitas y curitas al por menor?

—¿Ya entonces podemos hablar de la estación Once? —consulté con verdadera curiosidad.

—No, cretino. La estación Once tendrás que esperar hasta 1896 para que sea fundada. ¿Pero qué vas a esperar tú, capaz de adorar al becerro de oro si Moisés no baja con suficiente prontitud con sus tablas de la Verdad? Desechas al mismo tiempo dos historias: la de tu barrio y la de tus ancestros. ¿O acaso también pretendes negar que no fue sino hasta 1906 cuando se alzó el edificio del Congreso Nacional, que también pertenece al barrio que difamas, Balvanera? ¿Pretendes, carnicero de la Historia, que ese Congreso no se alzó nunca, sino que siempre estuvo, como el Congreso en el que Borges reunió a los justos para salvar al mundo, y que termina en nada con el propio Jorge Luis mirando las ruinas de la utopía desde el pescante de un carro?

La verdad es que yo ya me sentía mareado, y hasta con ganas de vomitar, por la avalancha de insultos que Nimrod había arrojado a modo de propina sobre lo que quedaba, espiritualmente hablando, de mi persona. O tal vez era el caballo que me había servido estofado, y con arroz, Sofía, la hija de David. Viéndome pálido, y quién sabe si temeroso de que me desgraciara en su presencia, Nimrod cerró su violenta alocución con dos enseñanazas perennes:

—Ese mercado que ves ahí enfrente, ahora shopping, pero que no te puedes sacar de la cabeza como Mercado del Abasto, se habilitó, en parte, no del todo, en 1934. ¿Y en qué año se fijaron los límites del barrio?

—Nunca —retomé coraje, perdida mi dignidad y sin nada que conservar—. Nadie los conoce.

—¡Mamarracho! Desconoces tanto de la ficción como de la realidad: en 1972 la ordenanza municipal 26.607 cierra los límites de Balvanera, como debería cerrarse tu boca de simulador, y agrupa el sub-barrio informalmente llamado Once, el gardeliano Abasto y parte de Congreso —póntelo en tu cabeza de chorlito— y Medicina.

Años más tarde hubiera podido intentar cerrar nuestro diálogo con el reconciliatorio dato de que yo estaba perfectamente al tanto de la influencia del edificio del Congreso en Balvanera, puesto que bordeo dicho edificio todas las mañanas y las tardes —excepto días de piqueteros, jubilados o abolición del gobierno de la Alianza—, en el camino desde el exilio rumbo a mi estudio en el Once. Pero entonces no me había movido del Once, y Nimrod ya se había marchado, dejándome, además de con la palabra en la boca, con la cuenta de cuatro cortados que le había pedido con gestos a Sofía, y el cuarto con coñac, tipo carajillo, servido con la última botella, la única y final que David había conseguido sustraerle a su pasión por los equinos en movimiento.

V

Volver atrás en el tiempo

Pese a que no todos sus habitantes coincidirán con mi afirmación, yo creo que el barrio de Once se ha mantenido medianamente similar a sí mismo a lo largo de las centurias.

Entre 1870 y 1940, ya se arremolinaban las gentes y los negocios. Tal vez hoy no haya un reñidero de gallos, como entonces, pero las canchas de pelota apenas si han sido modernizadas por los "fútbol cinco" y el paddle, que convocan a vecinos y a extrabarriales.

El póker se sigue jugando donde uno menos lo espera, y en donde Florentino Ameghino instaló su librería, en Rivadavia y Larrea, no hay menos librerías hoy. Es cierto que ahora los libreros hacen su agosto alrededor de esa esquina, sobre todo con los libros de texto, pero la bohemia elegante y sabia de los libros usados se mantiene en los alrededores de la calle Tucumán, entre Ayacucho y Riobamba. Casi llegando a Córdoba, por ejemplo, por Ayacucho, podemos encontrar el Gliptodon, una gigantesca librería atriborrada de incunables, entre ellos su propio dueño.

Por Lavalle, entre Junín y Ayacucho, hay por lo menos dos librerías de usados, donde nos saldrán al paso desde libros de 1800 hasta una edición imposible de los reportajes de *Playboy* del año 1982; y siguiendo por Ayacucho hasta Corrientes, hay como mínimo dos más.

En el mismo tramo, por Tucumán, encontraremos la casa de videos Blackman, con los documentales históricos de la Guerra Civil Española, de la Segunda Guerra Mundial, y del cine testimonial argentino, desde Gerardo Vallejos hasta *La hora de los hornos* de Solanas; con todo el cine europeo y el Hollywood de oro. Y otra más, en Lavalle y Ayacucho, especializada en cine argentino, que pasa los clásicos de los cuarenta y los cincuenta de video a DVD. Por Junín y por Lavalle se arraciman las casas de videos nuevos a precios de usados y de clásicos de todas las épocas y países.

Es cierto que ya no podemos ver reunidos en un mismo café a Discépolo —que nació en el barrio— y a Gardel —cuya casa hoy es reliquia a sólo dos cuadras de mi estudio—, ni hay hermanos como los De Caro. ¿Pero cuántas personalidades semejantes puede pedir, ya no un país, sino un barrio, en un siglo?

Los barrios permanecen, pero las personas no se repiten. Hay quien presume que *Cafetín de Buenos Aires*, de Discépolo, se refiere al café Oberdam, vecino del viejo teatro Marconi de Rivadavia 2330, y la leyenda alcanza para no erosionar el Once mítico (ni el bar ni el teatro persisten, de modo que resultarán arduas las confirmaciones o desmentidas: uno puede probar científicamente que algo existe, pero nadie puede probar que algo no existe).

El Once fue siempre un cotilleo, un shuk, una mezcla profana de creyentes y mercachifles —mercachifles creyentes, creyentes sin negocio y negociantes sin religión—, ya le entrara uno por Bartolomé Mitre, rodeando la estación, cruzando bajo los puentes, o por Ecuador, Lavalle o Tucumán, por donde llegaba yo a mi escuela primaria, entre quinto y séptimo grado, luego de abandonar el colegio judío por mi incapacidad para el hebreo y dejar también el colegio estatal, en Sarmiento y Paso, por la cantidad de ratas (los animales, no las rabonas).

Tanto mi primera escuela pública —el Cornelio Saavedra, que por algún motivo lleva en su fachada el nombre de Carlos Tejedor—, como el Pueyrredón, donde terminé la primaria, son edificios clásicos del barrio, y aún puede uno detenerse a mirarlos como si el tiempo no hubiera pasado. Todo está igual en ese gigantesco predio de Sarmiento 2550, el Saavedra, donde la maestra Estefanía me enseñó a escribir, en el segundo piso. El hecho de que en los noventa se haya transformado en el Museo del Cine Nacional, y en el 2005 vuelva a ser una escuela, ahora de Arte Dramático, no impide que persista el mismo patio, las mismas aulas, de donde el primero de julio del 1974 salimos al mediodía, y no a las cinco de la tarde, porque había muerto el presidente de los argentinos, Juan Domingo Perón. Nada ha cambiado en la fachada del Pueyrredón, sobre la avenida del mismo nombre, entre Tucumán y Lavalle, adonde llegué caminando solo, desde mi casa, en un viaje iniciático: el de todo chico que transita por primera vez sin un adulto las calles de su barrio.

¿Qué cambió, entonces, si no cambiaron esos dos edificios? ¿Qué me importa a mí que ahora, junto al puente de Jean Jaures y Bartolomé Mitre haya una casa donde se puede ver correr a los caballos y apostar por ellos, a través de pantallas televisivas, si los gritos son los mismos que Gardel remedaba en *Leguizamo*, el puente es el mismo y la ruina de los apostadores se dispersa por los mismos bares?

Le había prometido a mi mujer que no volvía a pisar Palermo. Nuestra vida se había deteriorado. De ser el dueño de un negocio, pasé a vender chucherías local por local, a pie. Tenía los suficientes contactos como para no convertirme en una rata: garantías para alquilar un depto, gente que me prestaba plata, becas en el colegio de mis hijos. Pero eran todos recursos ilegítimos, los legítimos se los habían llevado los caballos.

Logré cumplir la promesa durante no sé cuántos años, no los conté. Le agradecía a Dios que mi mujer no me hubiese abandonado, que mis dos hijos estuviesen más o menos bien. Todo lo que había perdido, finalmente, era mi situación económica.

Un día había hecho un excelente negocio en el Once —no te puedo decir bien qué—, nada demasiado raro, que me había dejado muy buena guita: dólares. Y seguí camino por Corrientes, vendiendo etiquetas en las muchas librerías comerciales que hay sobre Corrientes, entre Pueyrredón y Agüero.

Te estarás preguntando para qué seguir vendiendo etiquetitas si la guita ya la había juntado. Es que después de dejar los burros valoraba cada moneda. Ahorrar era una especie de talismán para apartarme de los burros.

Alejarse de los burros es una guerra contra uno mismo. Es una pelea terrible. Y para ganarla, tenés que comportarte como un soldado, como un sacerdote. No podés permitirte la más mínima debilidad; si no, perdés.

Si vos, por ejemplo, un día hacés buena guita con algo medianamente trucho y decís: "Bueno, no laburo más. Aquí me planto", lo más probable es que al día siguiente estés a las 16 horas en Palermo, esperando la primera carrera para perderla toda. Dejar de ir a los burros es un ejercicio, una maratón que no termina. Siempre tenés ganas de ir, las ganas no se te van nunca. Todo lo que podés hacer es reprimirte, juntar moneda por moneda, inventarte algo y cumplirlo al pie de la letra.

Bueno, en Corrientes y Jean Jaures me hinché las pelotas. Todavía no estaba el shopping del Abasto. Hacía un calor de morirse. No había un alma en la calle: mirabas para el lado del Abasto y parecía un desierto. El asfalto daba miedo.Tenía que seguir un par de cuadras, hasta Agüero había buenos clientes. Pero me hinché las pelotas y me dije: "No sigo más, me vuelvo a casa. Tengo en la media los dólares. ¿Me voy a matar por dos mangos más?".

Agarré por Jean Jaures, para Rivadavia, con la idea de tomar cualquier colectivo por Rivadavia hasta Floresta, donde vivía por entonces con mi familia. Atravesé el Túnel de la Muerte. Ese túnel que une Teniente General Perón con Bartolomé Mitre, por Jean Jaures. Yo lo llamo el Túnel de la Muerte. Es un túnel repugnante, húmedo, oscuro, sucio. Siempre lleno de basura, y con algún croto durmiendo. Y lo peor era ver un fulano haciendo sus necesidades. Así que yo agarraba por Valentín Gómez, o por Sarmiento, por cualquier lado con tal de no cruzar el túnel. Caminaba como diez cuadras de más. Cruzaba por la estación de trenes, me tomaba el tren directamente, aunque a mí el tren mucho no me gusta.

Pero ese día hacía tanto calor que se me reblandeció el cerebro. Llegué a pensar que al menos bajo el túnel habría sombra, que si lo atravesaba descansaría un poco de ese sol terrible. Estaba todo sudado, tenía los dólares dentro de la media, hechos un bollo húmedo. La poca guita de las etiquetas la tenía en un bolsillo, para dársela a un chorro si me choreaban o para regalársela a los pungas del colectivo. Siempre tenés que llevar a mano guita para regalársela a la suerte adversa y que no te hagan nada peor.

Crucé el túnel silbando, contento. Eran las cinco de la tarde y estaba alegre porque volvía a casa con guita. Pensaba comprar una lata de palmitos en el almacén de la esquina antes de subir a casa. Mi mujer me esperaba y sabía que venía forrado. Ni se me cruzaba por la cabeza que en el túnel me podía pasar algo malo.

Y al salir del otro lado del túnel, la vi. No me vas a creer si yo te digo que no sabía que existía. No me vas a creer. Vi la agencia hípica electrónica. Las carreras de caballo por televisión. Justo en Jean Jaures y Bartolomé Mitre. Me dio el sol en la cabeza, me encandiló, y la vi.

Para que me creas que yo no sabía que existía, tenés que creerme que yo dejé los burros como quien entra a un ejército. Yo me aparté de verdad de todo lo que tuviera que ver con los burros. Dejé de ver a los amigos, dejé los bares. Te estoy hablando en serio: yo no sabía que existía esa agencia electrónica de caballos.

Me acuerdo que cuando entré, pensé: "Me meto porque acá está fresco". Como quien se mete en un bar a tomar una gaseosa. Me juego un boletito, como quien se toma un café, y sigo derecho para casa.

Me contaron, algunos años después, la historia de un escritor al que le pasó lo mismo. Un alcohólico. No sé cómo se llama, vos debés saber. Había dejado de tomar totalmente, se había mantenido sobrio durante diez años. Y un día, un día de mucho mucho calor, se permitió tomarse una cervecita. No paró de tomar nunca más. Eso es lo que la gente no entiende: nunca dejás de tener ganas. A veces, incluso, las ganas están ocultas. Pero no se van nunca. Todo lo que podés hacer es recluirte, reprimirte. Si te soltás un segundo, perdiste.

Me jugué la plata de las etiquetas y la perdí toda. Entonces me dije: "Me juego un billete de cien dólares para recuperarla y me voy para casa".

Metí la mano en la media tratando de que no me vieran, pero me veía todo el mundo. Saqué un fajo de billetes y retiré uno, sudado, arrugado. Compré los boletos y me guardé el vuelto en el bolsillo, junto con el fajo. Gané a placé.

Salí a las nueve de la noche sin un centavo. La perdí toda. No podía volver a casa. Mi mujer... o sabía dónde estaba, o había llamado a la policía.

Pensé en el suicidio. Al menos, así, nunca se enteraría de que había jugado. Pero mis hijos... no podía dejarlos huérfanos. Tampoco podía presentarme ante ellos vivo. Tenía que pagar todas las cuentas del mundo. Mi esposa no tenía plata encima: la plata que yo estaba llevando era la misma con la que teníamos que comprar la cena de esa noche.

Creo que no me hubiera matado, pero lo pensaba seriamente. Lo que sí te puedo asegurar es que no sabía qué hacer, cómo seguir vivo. Pensé en abandonarlos, en no aparecer nunca más. Lo que es seguro es que en vez de seguir hasta Rivadavia, caminé para el otro lado, de nuevo para Teniente General Perón.

Y cuando estoy atravesando el Túnel de la Muerte, paf, me agarra un tipo con una bolsa de nylon. Sí, con una bolsa de nylon, me la mete en la boca, me lleva a la parte más oscura y me dice: "Dame todo".

Tenía un cuchillo. Yo pensé que con un poco de suerte me mataba. Pero el tipo quería plata. Me hizo sacarme los zapatos y las medias. Me hizo darle el saco y el reloj. Se llevó todo lo que pudo. Me dejó la camisa y el pantalón, descalzo.

"Salí del túnel para el lado de Rivadavia: estaba salvado. ¡Me habían robado todo! Entré a un bar, pedí prestado el teléfono y le dije a mi mujer que no me había animado a llamarla antes porque me habían robado todo.

El del bar me dio diez mangos para tomarme un taxi. No monedas: diez mangos para un taxi.

Mi mujer ahora ya sabe que sigo jugando. No me puede abandonar. Para ella, yo debo ser como los burros son para mí. ¿Qué sentido tenía dejar de ir a los burros, si me la pueden robar toda debajo de un puente?

En 1836, el Once era habitado por 3635 personas: 2998 eran blancos criollos, los negros y mulatos sumaban 506 y 131 eran extranjeros*, entre los cuales tal vez hubiera integrantes de mi tribu.

Los negros, por entonces, se llevaban bien con Rosas y formaban sus clubes y agrupaciones, como la Congregación de los Morenos Congos de San Baltasar, que funcionó hasta 1875. Hoy habitan mi barrio, también, negros del África: los veo caminar por la calle Anchorena con paso danzante y buzos de gimnasia fosforecentes. Peruanos y bolivianos, morenos y mulatos, asientan sus reales en estas mismas calles.

Todo es lo mismo. El Universo se ríe de nuestras apetencias de progreso, de nuestras miradas fugitivas que no duran más de setenta años y creen testimoniar algo distinto. Caminar el Once es caminar el pasado. Salir del callejón sin salida: volver atrás en el tiempo.

* Cutolo, Vicente, ob. cit.

VI

El barrio judío

El hito de la inmigración judía a la Argentina se marca en 1889, con el vapor *Wesser*: 136 familias judías —en total, 824 personas— llegaron provenientes de Rusia y Europa oriental. Su destino eran terrenos cultivables adquiridos por un filántropo judío, el Barón Hirsch, y dispuestos por el gobierno argentino para recibir a estos inmigrantes como nuevos campesinos.

Pero ni las tierras ni los encargados de trasladarlos hasta ellas aparecieron entonces, y los recién llegados quedaron librados al azar en la estación de tren de Palacios, provincia de Santa Fe. Allí, la falta de recursos desató una peste que se cobró la vida de al menos sesenta niños. Finalmente, instalarían sus colonias agrícolas en Santa Fe y Entre Ríos, darían origen a pueblos ya míticos como Moisés Ville o Basavilbaso, y ganarían el apodo de "los gauchos judíos", como puso en letras de molde la novela homónima de Alberto Gerchunoff.

Pero antes y después de esta marca en la historia argentina, los judíos llegaban en pequeños grupos o individualmente, sin concurso institucional de ningún tipo, a las ciudades o a la Ciudad, Buenos Aires.

La primera boda judía que se registra en actas fue celebrada en 1860 —el primer año en que el gobierno argentino autorizó una boda religiosa mosaica—, entre un joyero de treinta y ocho años y una muchacha de diecisiete.*

Los judíos askenazíes llegaban, mayoritariamente, de Rusia y Polonia (o de las distintas regiones que eran y dejaban de ser Polonia a lo largo de guerras, independencias y refundaciones). El resto de esta sección de la tribu, de Rumania, Besaravia, Lituania, Hungría, Ucrania; de Alemania, Austria, Checosloevaquia; y también de Italia (entre los judíos italianos** que llegaron entre 1938 y 1948 huyendo del fascismo y del nazismo, había una mayoría sefaradí, pero también askenazíes).

Comían knishes (bollos de papa), kreplaj (pasta rellena de carne picada muy fina y cebolla), blintzes (crepes dulces de queso), varénikes (pasta rellena de papa y cebolla), guefilte fish (pescado relleno de pescado), kneidalej (bolas de harina) y otras comidas de la pobreza del este europeo, que nunca me conquistaron.

Como mi abuelo se casó con una judía hija de un sirio de Alepo, a la sazón su empleada en la sastrería, el cuarto sefaradí que tiñe mi sangre me enamoró de la sensualidad de los kippes (bocado de carne frita), los lajmashin (empanadas abiertas de carne y tomate), los kadaífes (ya fueron descriptos oportunamente), las murrak de queso (empanadas de hojaldre), los boios de acelga y huevo, sabiamente fabricados por gastrónomos oriundos de esas tierras calientes. Venían de Turquía, Siria, Marruecos... Los judíos sefaradíes, mi abuela materna, la porción sensual de la tribu.

Vivieron en la España premedieval hasta ser expulsados por los reyes católicos, poco antes de que Colón descubriera América. Recalaron en tierras árabes y luego se dispersaron por el mundo, por Francia, Grecia, Italia, Norteamérica.

* Sánchez, Nora, "Buenos Aires, de la aldea a la gran ciudad", en *Clarín*, 24 de abril de 2005.

** Para una información detallada de esta singular inmigración, ver *Tantas voces, una historia. Italianos judíos en la Argentina 1938-1948*, de Vera Jarach y Nora Smolensky. (Buenos Aires, Temas, 1999.)

El soneto que recibe a los inmigrantes en la Estatua de la Libertad, a la entrada del puerto de Nueva York, lo escribió una judía sefardita, Emma Lazarus (1849-1887):

> Dadme a los que están fatigados, a los que son pobres,
> a vuestras masas encogidas que anhelan el aire de la libertad,
> a los desdichados desechos de vuestras playas atestadas.
> Enviad aquí a los que no tienen hogar, a los que me llegan
> empujados por la tempestad.
> Enciendo mi lámpara junto a la puerta de oro.

Llegados a la Argentina por las mismas fechas que los askenazíes, pero en mucho menor proporción, para principios del siglo XX los sefaradíes eran un treinta por ciento de la comunidad judía en Argentina. A partir de 1948, los sefaradíes que no habían abandonado el mundo árabe emigraron en masa al recién creado Estado de Israel.

Mi abuelo, Léivale Trau, un polaco askenazí, llegó a la Argentina en 1939 como polizón en un barco, con el ajedrecista Miguel Najdorf como compañero en cubierta. Dice la leyenda familiar que supieron despuntar algunas partidas en alta mar. Y desde hace unos pocos meses, gracias a la información de un particular, sospecho que también el escritor Witold Grombowicz fue —como decían entonces los inmigrantes— un "hermano de barco" de Najdorf y de mi abuelo.

En las últimas décadas del siglo XIX, los askenazíes de Europa y los sefaradíes de Alepo, Siria, habían elegido como sitio de residencia preferencial los alrededores de Plaza Lavalle, antes de que existiera el Palacio de Tribunales. Por entonces, la zona era precaria en cuanto a infraestructura e higiene; la epidemia de fiebre amarilla, en 1871, había sido especialmente cruel con ese sector de la ciudad. A medida que mejoraban su situación, los judíos fueron corriéndose hacia el Norte (menos precario), deteniéndose donde se lo permitieran sus magros ingresos de cuentapropistas, sastres o ropavejeros.

Para cuando mi abuelo llegó, hacía ya un tiempo que los judíos habían hecho del Once su barrio, abierto y dulce.

En 1906, el 56 por ciento de los judíos de Argentina vivía en el Once. Para esas fechas, eran cerca de 50.000 mil en todo el país. Llegarían a ser algo más de 130.000 en 1920, y alcanzarían su marca histórica hacia 1930, con 230.000 personas. Desde entonces, esa cifra ha fluctuado entre los 230.000 y los 300.000, pero ya nunca creció en la misma proporción. En la actualidad, según un muy serio estudio realizado por la sucursal argentina del JOINT (*American Jewish Joint Distribution Comitee*), viven en el país alrededor de 260.000 judíos argentinos: 240.000 en la Capital Federal, y alrededor de 20.000, según reportes de las comunidades del interior, en el resto del país.

En primera década del 1900 también se había afincado en el Once una pequeña colectividad armenia (cuyos integrantes ya estaban siendo perseguidos y masacrados por el gobierno turco, persecución que concluiría con el genocidio de más de un millón de armenios en Turquía, en 1915). Y para 1920 se sumarían los sirios y libaneses, cristianos y musulmanes, que no eran recién llegados de sus tierras de origen, sino inmigrantes internos: venían de la zona del Bajo en busca de la nueva prosperidad del Once, con sus bazares y casas de telas.

El magnetismo del Once para el comercio, y la tela en particular, se definió en una fecha temprana, 1906: ese año, la Compañía Otomana de Tejidos* fue fundada por judíos sefaradíes provenientes de Alepo, Siria, comandados por Nissim Teubal (pionero en darles lugar y asociación a quienes hasta entonces eran vendedores ambulantes). No menos importante fue el edificio de varios pisos que por la misma época levantó el industrial italiano Pedro Merlín, en Larrea y Lavalle, junto a su taller de fundición: departamentos, locales, mercados y frigoríficos. El primer shopping del Once.

* Los datos provienen de “Cómo conseguir una fortuna”, en *El Cronista*, Buenos Aires, 24 de octubre de 1975. De la misma nota se extrae la cantidad de comercios.

Hasta bien entrada la década del cuarenta, los judíos instalaban en el barrio sus talleres de confección de ropa y vendían al por mayor, en las calles en las que hasta hoy continúan los negocios más clásicos del Once: Larrea, Azcuénaga, Paso... Vivían en un ambiente, en el otro ponían el taller, y el negocio a la calle. Pero primero fueron vendedores ambulantes: inauguraron la metodología de los "aboneros", que consistía en cobrar un abono al cliente, a modo de cuota, y proveerlo por adelantado de mercadería, que se iría pagando mes a mes.

Negocios y ambulantes coexistían en las primeras décadas del siglo. Para mediados de los cuarenta, ya casi arrimando a los cincuenta, se dispara la modalidad de vender también al por menor.

Mi abuelo nunca me enseñó el ídish. Pero era un idioma soberano en el barrio en que me crié. No sólo lo hablaban mis vecinos —en el Once, pero también en Mar del Plata, en las carpas cercanas de la Bristol—, sino que era el idioma del más importante de los periódicos judeoargentinos, que tenía su editorial e imprenta en el barrio: el *Di Presse*.

Las primeras letras de molde que publiqué en mi vida —y eran realmente de molde porque en aquel periódico se usaban linotipos— salieron en un semanario en castellano que editaba la misma casa que el *Di Presse*: el *Nueva Presencia*, dirigido por Hermann Schiller, con sede en la calle Castelli, entre Valentín Gómez y Corrientes, a tres cuadras de mi actual estudio.

Por entonces, yo tenía dieciocho años, pero el cuento, que se llamaba "El timbre", lo había escrito a los dieciséis, durante una clase de francés. El relato era acerca de un colegio donde no sonaba el timbre del recreo porque el portero había muerto de un paro cardíaco, en el baño. La profesora de francés, como no escuchaba el timbre, creía que su reloj estaba adelantado, y lo retrasaba. Y continuaba retrasándolo a lo largo de las horas, de modo que los alumnos permanecían en el aula durante tres días.

Durante la dictadura militar que asoló al país entre 1976 y 1983, *Nueva Presencia* fue una de las escasas publicaciones que se atrevió a reclamar por los derechos humanos. Además de las continuas amenazas, les pusieron una bomba en el taller de impresión del periódico. Fue un semanario extremadamente valiente y lúcido, y durante la dictadura resultó un verdadero refugio para los escritos de muchos intelectuales críticos que luego se destacarían en los medios durante la democracia.

En el Once también se alzaron las sinagogas más importantes, como el templo de Paso. Hasta la primera mitad del siglo XX, entre los judíos no había institución que le hiciera sombra a la sinagoga.

Mi abuelo ya era un hombre laico cuando llegó a la Argentina. Había perdido a su primera esposa, su primera hija, sus padres y sus siete hermanos, todos oriundos de la ciudad de Lodz, asesinados por los nazis en Polonia. En los primeros meses de 1939, todavía existía la ilusión de que se podía alcanzar la costa sudamericana y juntar el dinero para traer a los parientes que habían quedado en Europa. Pero los nazis llegaron antes de que pudiera juntarse nada.

Había desembarcado en la Argentina como un hombre pobre, sin un centavo, con las manos desnudas, como buena parte de los judíos que llegaron a la Argentina en la primera mitad del siglo XX. Creo que el dinero que mi abuelo ahorró por el resto de su vida fue en realidad un intento por ahorrar tiempo. Acumular tiempo para poder traer a su familia.

A su alrededor, los judíos del Once, mayoritariamente, mantenían la fe en el Creador, y no era habitual que la identidad judía se distanciara de la religión. Rezaban, respetaban el shabat, circuncidaban a sus hijos y ayunaban en Iom Kippur. Sin ortodoxia, pero con tradición.

Villa Crespo era distinto, allí habían llegado los judíos anarquistas y comunistas —entonces no había trotskistas ni stalinistas—. Todavía no había muerto Lenin ni despuntado Stalin, pero ya llegaban a Villa Crespo, a Canning y Corrientes y sus alrededores, donde luego se elevaría la emblemática pizzería Imperio y el imponente local del Comité Central del Partido Comunista, sobre Canning, en diagonal a la pizzería.

En conventillos de Villa Crespo, con realidades o fantasías proletarias, se instalaron judíos maximalistas de todas las ideologías, siempre apegados a los libros, escritos en el hebreo de sus ancestros o en el ruso de la primera revolución marxista de la historia humana. Sin religión, sin shabat ni sombreros para demostrar la humildad a un Dios al que estaban más ocupados en rechazar que en negar.

Había pocos sionistas entre ellos, pero cuando en la ONU se votó la división de Palestina en un Estado judío y un Estado árabe palestino y los primeros en levantar el brazo a favor fueron los soviéticos, los comunistas argentinos, incluyendo el grueso porcentaje de judíos en sus filas, le rindieron pleitesía a la Madre Patria soviética y al nuevo Estado judío. El Estado de Israel, creado en mayo de 1948 después de dos mil años de exilio del pueblo judío y a poco del Holocausto que se había cobrado seis millones de personas (la tercera parte de los judíos del mundo), fue reconocido de inmediato por la URSS y defendido por el canciller soviético, Andrei Gromyko* en la ONU, con tanta fuerza como había apoyado la resolución a favor de su creación en 1947.

El Once danzó en pleno, se vistió de fiesta el barrio desde Callao hasta el último rincón de Agüero, y las ron-

* Durante su exposición en la sesión del Consejo de Seguridad de la ONU del 21 de mayo de 1948 dijo Andrei Gromyko: "La delegación de la URSS no puede menos que expresar sorpresa ante la posición adoptada por los Estados Árabes en la cuestión de Palestina, y especialmente ante el hecho de que estos Estados —o al menos algunos de ellos—, han recurrido a acciones tales como el envío de tropas a Palestina y llevado adelante operaciones militares tendientes a la supresión del movimiento nacional de liberación en Palestina".

das, las fogatas y las lágrimas se congregraron frente a la AMIA en la calle Pasteur, viniendo por Tucumán.

En junio de 1948, apenas un mes después de que Ben Gurión leyera la declaración de Independencia, Orestes Ghioldi, secretario general del Partido Comunista de la Argentina, no pudo leer un folleto a favor de Israel —*La guerra en Palestina* (que yo conservo)—, porque la policía le prohibió el acto.

Aunque los judíos comunistas de Argentina, reunidos primordialmente en Villa Crespo, querían un Israel alineado con la URSS y a los del Once les bastaba con que Israel sobreviviera, ambos compartían discusiones en los bares de Jean Jaurés, Ecuador, Corrientes, Castelli, Bolougne Sur Mer... frente al teatro IFT, el reducto cultural idishista y comunista del Once, adherido al ICUF (Idisher Cultur Farband / Federación de Entidades Culturales Judías de la Argentina).

Ya a principios de la década de 1950, cuando las purgas de Stalin contra los escritores judeo-soviéticos, comienzan a separar las mesas: los miembros del ICUF se negaban a condenar a Stalin. Esta progresiva separación continuó hasta la guerra del '67 —la Guerra de los Seis Días—, cuando Rusia terminó de alinearse ferozmente con los países árabes —digo "ferozmente", porque la alineación ya venía perfilándose desde los años cincuenta, y especialmente con la guerra del Sinaí de 1956— y los judíos comunistas o "compañeros de ruta" se vieron forzados a elegir entre apoyar a la URSS o a Israel. Entonces el cisma fue definitorio.

El ICUF y sus colegios adheridos quedaron en el Once como una embajada de otro barrio. Los del Once, mayoritariamente, mantuvieron su lealtad básica a Israel.

El Once, con la AMIA, con sus colegios judíos tradicionales —el Dr Hertzl, el Natán Gesang—, con sus sinagogas y sus tiendas de ropa, mantuvo la impronta sionista diaspórica en las calles, instituciones y negocios de esos judíos de clase media sin más ideología que la de sobrevivir día a día, creando una sólida identidad judeoargentina y apoyando a Israel sin complejos: amaban a la Argentina como argentinos y a Israel como los argentinos llegados de Italia amaban a Italia y los argentinos llegados de España amaban a España. Ciento por ciento argentinos y ciento por ciento judíos.

Para estos semitas del Once que habían llegado del exilio europeo, Israel era la tierra que sus ancestros habían perdido a manos de los babilonios primero y de los romanos después, y el único refugio que los judíos habían logrado recuperar luego de perder a sus familias en el Holocausto.

El Once comercial vivió épocas de gloria y de reflujo alternativamente. A mediados de los sesenta, cuando todavía en Buenos Aires la resistencia de la tela de la ropa era más importante que la marca, cuando un jean sin tajos resultaba más prestigioso que uno roto, los jóvenes concurrían en masa en busca de sus pantalones vaqueros. Entre cuatro y seis millones de compradores circulaban en 1965 por ese pequeño conglomerado de negocios de "ropa de fabricación propia". Para 1970, había alrededor de 18.000 negocios. Y en 1996, la cantidad de negocios se había duplicado.

El Once no admite divisiones tajantes entre los temas milenarios y los corrientes: las marcas que perduran en los libros de historia coexisten con las que sólo funcionan en la memoria de sus protagonistas.

VII

La superstición

En la esquina de Tucumán con Uriburu, como dije, había un baldío. Cuatro paredes rodeaban un descampado de ortigas, pasto silvestre, juguetes rotos y desechos de toda clase.

De Tucumán hacia Larrea vivía gente que creía en Dios y en los milagros, en las almas errantes y en los demonios. En el tramo de Tucumán que se perdía hacia Junín, en cambio, habitaban los agnósticos, los laicos y los ateos.

Pocas veces se encontraban los individuos de uno u otro grupo en el bar de Pérez, junto al kiosko de diarios del señor Necho y su hijo, que luego lo heredaría y finalmente lo arruinaría, el jorobado Nechito. En el bar de Pérez, el gallego, compartían un tostado sólo de queso y una discusión inconclusa y permanente las gentes de un lado y del otro de la calle Tucumán. A veces elevaban las voces los presentes, y otras se sumían en un silencio ofendido u ofensivo, según la debilidad o la fuerza de quien lo portara.

Una tarde de viernes, poco antes del comienzo del shabat, Jaím, el panadero, que tenía su negocio sobre Pasteur, junto a la peluquería de los tanos, irrumpió en el bar gritando que había visto un demonio en el baldío.

Moishe el comunista permaneció sentado y se rió de él. Pero Jacobo, el escribano —un librepensador que luego se cambiaría el nombre y llegaría a ser un renombrado dirigente del Ejército Revolucionario del Pueblo—, y Ernesto, el hijo del moré de hebreo de la escuela Emuná, un judío practicante con barba pero sin peies, salieron corriendo detrás de Jaím.

Ernesto aseguró, en los días subsiguientes, que había visto el resplandor apagado y rojizo de un demonio, y la silueta misma del Maligno, encarnada en una criatura con cara de niño, cuernos como grisines y piernas de fauno. Jacobo, en cambio, manifestó su sorpresa por encontrar en el baldío un caballo famélico, algo antes nunca visto, pero tachó a los dos testigos del demonio de supersticiosos y charlatanes.

El barrio se dividió como pocas veces: de Tucumán y Uriburu hasta Agüero, los que creían a pies juntillas en el demonio del baldío. De Tucumán hacia Junín, los que llamaban supersticiosos a estos primeros.

Yo estaba presente la tarde del viernes, un mes después, cuando todos, Jacobo, Ernesto, Jaím, Moishe y otros tantos cuyos nombres ya no recuerdo o no me siento con el valor de mencionar —muchos han muerto—, vimos al pequeño demonio comiendo ortigas y orinando contra las cuatro paredes al mismo tiempo. Moishe casi nos mata del susto: cayó de rodillas y se persignó. Jaím y Ernesto invocaron a Dios, pero no dejaron de mirar al demonio. La criatura parecía no prestar mayor atención a sus espectadores. Jacobo miró a Jaím como diciéndole, pero sin el coraje suficiente para abrir la boca: "Tenías razón".

Salí corriendo a casa, pero no dije nada porque se suponía que estaba estudiando en la casa de mi amigo Lizaga.

A partir de aquel día, el demonio dejó de ser un secreto y una discusión. Todos lo veíamos, laicos y creyentes, caminando por las paredes, arrastrándose por el pasto y mordisqueando lo que había quedado de los huesos del caballo.

Pero los laicos de Tucumán rumbo a Junín parecieron juramentarse no cejar en sus afanes. Con el correr de los días, aunque lo veían de frente, del mismo modo que uno ve el boleto de un colectivo o la cara de un amigo, comenzaron a inventar explicaciones que justificaran la existencia no demoníaca de aquella criatura: era un animal desconocido, un fenómeno estelar para el que aún no se había encontrado denominación, un caso de hipnosis colectiva.

Finalmente, también ellos se vieron forzados a convertir su agnosticismo en una superstición: ya no podían creer en lo que veían.

VIII

Una historia con la AMIA de fondo

La AMIA fue fundada con el nombre de Jevrá Kedushá (en hebreo "Compañía Piadosa", en referencia a los asuntos funerarios) en 1894.

Hoy esta institución centraliza la mayoría de los emprendimientos de la comunidad judía argentina (desde los religiosos hasta los deportivos) y las diversas líneas religiosas, pedagógicas o culturales (en un arco muy variado); se ocupa del archivo de los distintos documentos religiosos relativos a los nacimientos, los casamientos y los fallecimientos de judíos argentinos, como así también de la implementación práctica de muchas de las ceremonias. Pero su primer emprendimiento fue recabar y generar los recursos para fundar un cementerio.

Hasta 1892 los judíos enterraban a los suyos en el Cementerio de los Disidentes —un cementerio del cristianismo protestante fundado por la comunidad británica— y luego en el Cementerio Británico de la Chacarita. Los judíos sefaradíes formaban sus propias sociedades de entierros, como la Gemilut Hasidim, por parte de la comunidad judía marroquí; y también contaban con sus propios rabinos y protoinstituciones para llevar a cabo los demás rituales.

Estas divisiones tajantes se mantuvieron al menos hasta bien entrada la década del cuarenta, y obedecían tanto a diferencias culturales como a modos distinto de celebrar o conmemorar. Recién a partir de 1950, con sus actividades ya ampliamente diversificadas, podemos hablar de una AMIA que representaba por igual a askenazíes y sefaradíes.

La piedra fundamental del edificio de la AMIA, en la calle Pasteur al 600, se instaló cuando todavía se peleaba la Segunda Guerra Mundial, pero el edificio se inauguró sólo después de la victoria de los Aliados, el 4 de noviembre de 1945. De no haber triunfado los aliados, probablemente no hubiera quedado ni la piedra fundamental.

Lo que inicialmente había sido una asociación para resolver el triste tema de los entierros se convirtió en un motor comunitario de vida y diversidad cultural: inmediatamente se construyeron, en el edificio de Pasteur 633, un teatro y un salón para conferencias. (Suele haber unos doscientos oradores por conferencia, que son los que concurren como oyentes; y dos o tres oyentes: los panelistas).

También se implementó el Departamento de Acción Social, una forma organizativa novedosa en la Argentina de aquellos años.

Las intenciones de los criminales que destruyeron la AMIA resultan un poco más aprehensibles cuando se recorre la fundación tanto física como temática de este edificio: destruir la cultura, la libertad de pensamiento, la acción social, la agrupación de personas dentro de los principios de igualdad.

La AMIA era el centro obligado de paso de los nuevos líderes del siempre recién creado Estado judío en su visita a la Argentina: Golda Meir en 1951; Ben Gurión (el fundador del Estado), en 1969; Shimón Peres en 1970.

En la primera planta bullían los Departamentos de Cultura y Juventud, el Vaad Hakehilot —Federación de Comunidades Israelitas de la Argentina—, que preside la AMIA y reúne a todas las comunidades del país. En el segundo piso funcionaba el seminario de maestros judíos.

Los docentes capacitados en contenidos de educación judaica no sólo conformaron los planteles de las escuelas judeoargentinas, sino también de muchas de las de Latinoamérica. Al día de hoy la capacitación docente judeoargentina sigue siendo un semillero de educadores para todo el mundo de habla hispana.

Sin embargo, yo conocí a un docente judeoargentino cuyo motivo de viaje fue muy otro. Cuando lo conocí, acababa de cumplir 58 años. Era conocido de mi madre, aunque no se veían desde hacía al menos treinta años, cuando abandonó la Argentina. Viene a cuento porque era, precisamente, un docente que comenzó estudiando en AMIA, en el segundo piso, en el seminario para maestros judíos, dependiente del Vaad Hajinuj, el Consejo Central de Educación Judía, creado en 1934, que funcionaba en el cuarto piso. Allí se coordinaban todas los emprendimientos educativos: el respaldo de escuelas existentes o la creación de nuevas casas de estudio.

Con el tiempo, desde allí se planificaron, también, los centros de formación de docentes secundarios, terciarios y de maestras para jardín de infantes, que terminaron funcionando, muchos años después, en lo que se llamó el Palacio de la Cultura, en Ayacucho al 600, una sucursal de la AMIA hasta fines de los noventa.

Pero nuestro hombre se formaba en la calle Pasteur, en el seminario para maestros del segundo piso. Como todavía vive y trabaja, no voy a dar su nombre ni el sitio exacto donde lo conocí. Yo sabía de él, como dije, por mi madre, pero nunca lo había visto. Es más, tardé casi un día en descubrir que el hombre que me hablaba era el mismo que había vivido el escándalo referido por mi madre.

Mi madre era, en realidad, amiga de la hermana y el hombre era lo que hoy denominaríamos un "progresista". Se había formado como maestro judío entre fines de los cincuenta y principios de los sesenta; pero aunque estudiaba en el segundo piso, subía a menudo al tercero, donde funcionaba el Idischer Winschaftlejer Institut (IWO), el espacio de los idishistas progresistas, hoy conocido como Instituto Judío de Investigaciones.

La intención de sus fundadores, en Vilna, Polonia, en 1925, era interpretar la historia del pueblo judío desde una óptica científica y materialista —tanto desde el punto de vista de las Ciencias Sociales como de las Naturales—, desentenderse de la interpretación religiosa y hacer preferente la elección por el ídish, un idioma que permitía su utilización laica, en contraste con el hebreo, que por entonces se limitaba a ser el idioma de los textos sagrados y los rezos.

En Argentina se fundó tres años después, en febrero de 1928, y hasta 1945 tuvo su propio edificio. Finalmente se instaló en el mismo edificio de la AMIA. En la actualidad el IWO cuenta con dos sedes, una en la AMIA y la otra en Ayacucho al 400 (la sucursal de Ayacucho es uno de los pocos sitios donde aún pueden encontrarse libros en ídish en buen estado, como *El Dybuk*, la obra teatral de Shlomo An Ski, el texto emblemático de los idishistas de los primeros años del siglo XX).

Nuestro aspirante a profesor contaba, entonces, no sólo con la educación tradicional judía que le brindaba AMIA en el segundo piso sino también con el perfume del progresismo que le llegaba desde el tercero. Marcos —vamos a llamarlo así—, en contacto con varios idishistas laicos y hasta heréticos, comenzó a desconfiar de la fe de sus padres.

Al concluir el horario de sus estudios tradicionales para convertirse en un profesor de Historia Judía —aunque estudiaba para maestro, aquél era su verdadero objetivo—, subía al tercero para imbuirse de los datos, supuestamente fácticos, con los que creía que *de verdad* se había pergeñado esta misma historia: Dios no había secado el mar cuando los hebreos huían de Egipto, la marea había bajado por causas naturales; el Maná era en realidad un fruto que el viento deja caer sobre el desierto en tal época del año; el Faraón dejó salir a los judíos por rencillas políticas internas entre los propios egipcios y no por los plagas..., etc.

Marcos, carente de una novia y totalmente convencido de sus nuevos descubrimientos, comenzó a transmitirle las nuevas verdades reveladas a su joven hermana. La hermana tenía diecisiete años, y Marcos diecinueve.

Mi madre nunca supo si fue por la influencia de Marcos que Mirna —llamémosla Mirna—, a los dieciocho años, quedó embarazada de un "hijo del amor". O si Marcos no tuvo nada que ver con que Mirna decidiera convertirse en una madre sin marido. Pero del padre del niño nunca se supo: ni antes ni después.

Hace ya unos quince años, comencé a recibir invitaciones de diversas partes del mundo, bien para presentar mis libros, bien para dar conferencias. Y digamos que en un viaje por Centro América, durante una visita a un colegio judío, me encontré con un argentino de unos sesenta años, con el acento ya bastante centroamericanizado aunque con un dejo de ídish porteño, que me sirvió un té y unas masas dulces. Recién un día después, al tomar el avión rumbo a Argentina, descubrí que mi interlocutor había sido Marcos.

La historia de Marcos, claro, no terminaba con su hermana como madre soltera. El hombre ya mayor que me recibió en aquel colegio me contó de su formación interrumpida en AMIA, de su paso por las dudas y de una imprevista partida de la Argentina, cuyo motivo no quería terminar de revelar, y yo intuí vinculado a alguna cuestión política.

Luego, cuando repasé la historia en el avión, mirando las nubes desde arriba, las fechas no coincidían con mi intuición: no había huido de Onganía, ni de la Triple A, ni de la dictadura de Videla. ¿De qué había escapado, después de todo? Él no me lo había revelado, ni yo me atreví a insistirle.

Como esos rompecabezas que uno deja durante días sin una pieza, hasta que algo se ilumina en nuestra percepción y logramos darle fin, cuando la azafata me trajo el whisky pegué un respingo en mi asiento y la catarata de datos que me había descargado Marcos, más los retazos de historia que mi madre me había transmitido décadas atrás, se juntaron en esa parte de la memoria o del magín que permite darles un sentido a los hechos y, a largo plazo, ejercer mi oficio.

Luego de que supieran de su embarazo, Mirna quedó algo distante de la familia, pero Marcos la visitaba a menudo.

Marcos no se había casado; Mirna tuvo a su hijo en paz y con salud. Los padres de Mirna prefirieron reconciliarse con la elección de su hija, antes que apartarse también del nieto. El niño nació varón y Marcos se hizo cargo de contratar al rabino y sostener las piernas del bebé durante el *brit milá*.

Muy pronto comenzó a declarar, a quien quisiera escucharlo, que se sentía culpable de haber convertido, con su prédica nihilista, a su hermana en una madre soltera. Marcos, el progresista, el descreído, el laico, el propulsor del modo materialista y ateo de ver el mundo, que incluso había abandonado el seminario para maestros antes de recibirse, argumentó que era una locura que Mirna criara ese hijo sin pasar primero bajo la jupá —el palio nupcial— con un padre decente, como cualquier buena muchacha judía. Pero para entonces Mirna estaba tan poco interesada en las teorías generales acerca de la vida como en las palabras de Marcos.

Su hermano la pudo haber influenciado cuando todavía era una adolescente; pero ahora, ya una mujer de diecinueve años y madre de un niño, el hermano mayor, sin experiencia sentimental, le parecía menor y completamente inocuo.

Marcos, sin la aprobación de Mirna, comenzó a colocar avisos matrimoniales en los periódicos judíos. Mirna no sentía ninguna aversión en particular contra el matrimonio, y mucho menos contra los hombres. Pero prefería que fuera la suerte la que le trajera, o no, un marido. Marcos no daba el brazo a torcer: día tras día recibía nuevos pretendientes y trataba de concertar citas con Mirna.

La perseguía y la celaba, no en su nombre, sino en el del futuro marido que siempre estaba a punto de conseguirle. Mirna le huía como a la peste a cualquier muchacho o señor que Marcos intentara acercar. Según mi madre, las mujeres sabias del barrio decían que aquella chica pudo haberse casado con más de uno de los entrevistados por Marcos, si Marcos no hubiera intentado presentárselos.

Los padres defendían a Mirna y le pidieron a Marcos que cesara en su acoso. Pero ya era costumbre verlo caminar desde la pensión donde se había ido a vivir hasta la casa de Mirna, acompañado de algún fulano emperifollado, de veinte o sesenta años. En las carpas de Miramar, Marcos surcaba la arena, sin ojotas, quemándose como un faquir, llevando del brazo un viudo o un debutante; lo dejaba junto a la carpa familiar y le preguntaba a la hermana y al candidato: "¿Por qué no conversan?".

Organizaba falsos campeonatos playeros de burako, de canasta o de bakgamon, con el único fin de que Mirna se encontrara frente a frente, tablero o mesa de por medio, con un hombre soltero.

En la pensión llevaba un fichero con todos los nombres hábiles del Once e iba tachando a los que se casaban: "No los tiro", decía, "porque puede separarse o quedar viudo". Un dato curioso es que el propio Marcos, hasta donde yo sé, nunca se casó.

Dice mi madre que finalmente Mirna les dijo a sus padres que mientras Marcos la rondara con sus candidatos, dejaría de concurrir a las fiestas tradicionales y familiares, y que lamentablemente ya no podría visitarlos con el niño. No quería ver más a su hermano, bajo ninguna circunstancia.

Los padres no tuvieron más remedio que convencer a Marcos de que se apartara de su hermana al menos por un tiempo. Explicarle que no quería verlo ni en la casa paterna. Marcos respondió con silencio. Pero los lectores de silencios del barrio dicen que era una mezcla de vergüenza y culpa, de desconcierto y dolor.

De un día para otro, Marcos abandonó el país. Y hasta el día de hoy, que yo sepa, no regresó.

En 1935, en el quinto piso del edificio de la AMIA, se instaló la DAIA.

Con el nazismo hacía ya dos años en el poder en Alemania y un resurgente antisemitismo en toda Europa, y también en Argentina, el propósito esencial de la Delegación de Asociaciones Israelitas Argentinas era el de representar política y socialmente a los judíos argentinos ante los gobiernos y las instituciones.

La victoria de los Aliados determinó una nueva esperanza para las libertades públicas y el respeto por las minorías, siempre fluctuante; la Argentina pasaba por un buen momento económico y la creación del Estado de Israel prodigó una nueva sensación de seguridad para los judíos de todos los países. Fue un momento de distensión y crecimiento cualitativo para el Once.

Poco antes de su centenario, en 1992, la AMIA creó la Fundación Tzedaká, para apoyar a las personas más necesitadas de la comunidad, en momentos en los que el país atravesaba una de sus cíclicas crisis económicas.

Para festejar el Centenario Fundación, AMIA organizó un programa anual de actividades. Se abrió con un gran acto en el Teatro Ópera. Asistieron autoridades nacionales y personalidades destacadas de todas las áreas de la vida social argentina. El teatro Ópera estaba repleto. Era una alegría que aún no tenía nada de paradójico. Nuevamente: lo que había surgido como una búsqueda de lugar de entierro, celebraba la vida, la permanencia, la integración.

Por una vez habían decidido festejar. Fue en el año 1994.

IX

El Once en la literatura (y la literatura en el Once)

Es un lugar donde la sangre hierve. La gente habla mal de Argentina, pero si fueran allí lo comprenderían. Se tiene una necesidad imperiosa y se hace todo lo posible para satisfacerla enseguida.

ISAAC BASHEVIS SINGER
(de la novela serializada *Shoym*, en ídish, publicada en 1967; *Escoria*, en castellano)

La acción centrífuga del Once como espacio mítico —independientemente de que sus asiduos visitantes fueran o no vecinos del barrio— funcionaba en dos sentidos: por un lado, como señala Daniel Saimolovich en su nota “Los judíos y Buenos Aires”*, escritores como Alberto Gerchunoff, Bernardo Verbitsky, César Tiempo, Bernardo Ezequiel Korenblit, Samuel Eichelbaum y muchos más, cruzaron el Rubicón de la calle Callao para forjar una nueva identidad: la judeoargentina (sin olvidar la arena del desierto del que venían sus ancestros ni dejar de ver el asfalto de los nuevos barrios porteños). Y en el sentido inverso, de afuera hacia el Once, los más portentosos escritores argentinos no dejaron de asombrarse por la singularidad del barrio, que atrajo

* Saimolovich, Daniel, “Los judíos y Buenos Aires”, en *Plural*, Nº 24, julio de 1980.

también la atención de escritores de otros países. Aunque colmado de comercios, en los bares se desarrollaba una bohemia discreta, sin alardes, literaria y erudita.

Los escritores judeoporteños llegaron a ser un nuevo tipo de criatura hebrea que no se conocía en ninguna otra ciudad; básicamente gracias a la dulzura de Argentina, al temple extraño y cálido de los porteños: eran amigos de Gardel, de González Tuñón, de Olivari, de Troilo... ¿Dónde en el mundo podía uno tener amigos semejantes?

Israel Zeitlin nació en Ucrania en 1906, se naturalizó argentino y murió en Buenos Aires en 1980. Fue periodista, guionista de más de una decena de películas del cine nacional, y autor varios libros de poesía, *Sabatión argentino* (1938) y *Sábado pleno* (1955), entre otros. Más conocido por su seudónimo, César Tiempo, dejó algunas postales memorables del barrio en los versos de "Canturia":

Sábado de Pascua
Dios está en la calle
Hoy tiene ojos claros
Junín y Lavalle

y en el "Tributo a la inmortalidad del Bar Internacional":

...y en la curva sonora de Pasteur y Corrientes
entra al bar de los bares

¡Bar Internacional donde la grey semita
inofensivamente se desquita de la persecuciones
de la Rusia Imperial!...

Al filo de la madrugada
como a un cabildo abierto
penetra don Alberto
*Gerchunoff, el maestro de la prosa labrada.**

* Los dos poemas están incluidos en el libro de César Tiempo *Sábado Pleno* (Buenos Aires, Gleizer, 1955).

Roberto Arlt escribía en el diario *El Mundo* al promediar los años treinta:

> De Medrano a Pueyrredón, Corrientes no tiene personalidad, es una calle vulgar, sin características... De Pueyrredón a Callao ocurre el milagro. La calle se transfigura: Se manifiesta en toda su personalidad. La pone de relieve. En este tramo triunfa el comercio de paños y tejidos. Son turcos o israelitas. Parece un trozo del ghetto. Es la apoteosis de Israel, de Israel con toda su actividad exótica. Allí se encuentra el teatro judío. El café judío. El restaurante judío. La sinagoga. La asociación de joikin. El Banco Israelita. Allí, en un espacio de doce o quince cuadras el judío ha levantado su vida auténtica. No es la vida de la calle Talcahuano o Libertad con el ropavejero o el sastre como único comerciante. No. Israel ofrece a la vida todo su comercio abigarrado y fantasioso. Comerciantes de telas, perfumistas, electricistas, lustradores de botas, cooperativas, un mundo ruso-hebraico se mueve en esta vena de la que las arterias subyacentes son desahogos y viviendas. La verdadera calle Corrientes comienza sin embargo en Callao y termina en Esmeralda. Es el cogollo porteño, el corazón de la urbe.

Y seguía, el creador de *Los siete locos*, describiendo una cordura diferente:

> Mordejai, Alphon, Israel, Levi, éstos son los nombres sonoros y bellos de todos los judíos que en Talcahuano, Cerrito y Libertad, toman el sol durante la mañana, esperando a las puertas de sus covachas la llegada de un necesitado de ropa barata o de un "reducidor" que les traerá mercadería.
>
> Y la parte comprendida entre Cangallo y Lavalle, de estas tres calles, está casi exclusivamente ocupada por israelitas sastres o compra venteros. Vinieron de Polonia, de Varsovia, de Serbia, de la Croacia, trayendo en los ojos endurecidos de angustia la visión de los pogroms. Vinieron estibados, peor que bestias en los trasatlánticos, hablando su dolorosa jerga, tiranizados por todos los goim, pateados por el Destino, dejando en la tierra de Sobieski o

> de Iván el Terrible, parientes que no lo verían más. Vinieron a esta ciudad como quien va a la libertad. [...]
>
> Cambiaron sus rublos o sus mizcales, y en un zaguancito se instalaron. Adentro, en el conventillo, conventillo judío, en una pieza vivían la madre, la abuela, el abuelo, los siete hijos, el pariente, y ellos bajo el mostrador.
>
> Después el viejo se fatigó de ser una carga para los hijos. Y salió a la calle cargado de cajas de fósforos. O con un cajón que instaló en la esquina. Y silenciosos aún se les ve con una gorra de visa hule y un gabán milenario...*

Arlt fue para mí, junto con Jorge Luis Borges, Adolfo Bioy Casares y Cortázar, el ABC de la literatura argentina: **A**rlt, **B**orges, **C**ortázar; **A**dolfo **B**ioy **C**asares. De ellos aprendí a narrar las cosas de este país. En Arlt encontré conceptos similares a los que usé para aprehender mi propio barrio. En Arlt encontré la clase de locura, desesperación y sordidez que me permitía reproducir la aspereza del contacto con el mundo sin interpretarlo.

Por su parte, los escritores en ídish fueron una presencia soberana en el barrio durante la primera mitad del siglo XX. Y se contaban por centenas en la Capital y el país. Eran, en su mayoría, escritores de temática urbana —ensayistas, novelistas, cuentistas, dramaturgos—, pero también hubo quienes reflejaron en relatos, poemas y canciones el nuevo destino de los judíos del campo argentino en su sentido "redentor": luego de centenas de años de verse privados de la posibilidad de labrar tierras propias en Europa, los judíos volverían, como sus ancestros, a vivir de la siembra y la cosecha.

Hoy, los textos de estos idishistas no se reeditan, y los editados son imposibles de conseguir fuera del ámbito institucional o los escasos centros de investigación, ya sea en el original en ídish o en sus traducciones al castellano.

Ana E. Weinstein y Eliahu Toker han compilado una

* Arlt, Roberto, *Nuevas aguafuertes porteñas*, Buenos Aires, Losada, 1975.

obra imprescindible: *La letra ídish en tierra argentina*, que es una verdadera lucha contra el olvido:

> La literatura ídish argentina contó con algunos ensayistas que, más allá de su propia tarea periodística y literaria, se constituyeron a lo largo de los años, cada uno a su manera y para diversos círculos ideológicos y generacionales, en maestros y guías para los escritores ídish del país. Ellos fueron José Mendelson, Samuel Rollansky, Jacobo Botoshansky y Pinie Katz. El primer trabajo a destacar es el de José Mendelson, quien llegado en 1912 a los 21 años, ya en 1919 publica un ensayo introductorio en la primera antología literaria en ídish, *Oif di bregn fun Plata*. Samuel Rollansky, que al igual que Mendelson es redactor de *Di Idishe Tsaitung*, desarrolla en aquel gran anuario que este matutino edita en 1940, un largo trabajo sobre periodismo, literatura y teatro ídish en Argentina. [...] Ya en sus primeros trabajos acerca de esa literatura en ciernes aboga Pinie Katz por que la creada en el país no sea "literatura ídish *en* Argentina, sino "literatura ídish-argentina".*

Los escritores judeoargentinos fueron recurrentemente, sacudidos por las crisis políticas internacionales, ya fuera el asesinato de los escritores judíos en la URSS en 1952, la invasión rusa a Hungría en 1956 o el conflicto en Medio Oriente: su identidad judía, su ascendencia geográfica y parental, los conminaba a articular una opinión, y su presencia pública era una compulsión a expresarla. Lo que los comerciantes podían discutir en voz baja en el bar León, a los escritores, de algún modo, se les exigía decirlo en voz alta.

Bernardo Verbitsky, nacido en 1907, decano del periodismo argentino, se definía a sí mismo con la frase "nunca pretendí ser más que un proletario de la Remington", y fue quien acuñó la expresión "villa miseria"

* Weinstein, A. y Toker, E., *La letra ídish en tierra argentina. Bio-bibliografía de sus autores literarios*, Buenos Aires, Milá, 2004.

para definir los sitios que hoy conocemos por ese nombre, con su novela *Villa Miseria también es América*, en 1957. Diez años después, durante la crisis en Medio Oriente que finalmente concluiría con la Guerra de los Seis Días, publicaba una significativa carta dirigida a Leónidas Barletta, en defensa de la posición israelí en aquel atisbo de contienda. Unos meses más tarde, repetía la misma carta en un libro que compilaba las opiniones de distintos intelectuales de izquierda —entre los cuales se incluía Verbitsky—, y la prologaba, entre otros conceptos, con el siguiente: "Mientras la razón y la voluntad de paz aconsejan que los países árabes negocien el tratado de paz que Israel propone, los gobernantes árabes sólo piensan en una nueva guerra de exterminio. Es decir que las condiciones anteriores —la voluntad de genocidio contra Israel— no han variado. Por eso creo que tampoco mi carta necesita ser modificada".

El caldo ideológico de las mesas del Once era tan variado como esotérico. Por los mismos días, Bernardo Kordon, otro clásico de las letras argentinas, nacido en 1915, autor de novelas como *Alias Gardelito*, de cuentos como "Los ojos de Celina", pero también de ensayos con definidas posiciones políticas, como *Reportaje a China*, tomaba partido por Israel desde su apoyo al maoísmo (una síntesis ideológica excepcional). Otros, más jóvenes por entonces, de todos modos hacían oír su voz: Marcos Aguinis afilaba su agudo talento de polemista en ensayos como *La cuestión judía vista desde la izquierda*; el librero por excelencia de Buenos Aires, Héctor Yánover, y la destacada escritora y activista cultural, Liliana Heker, entre otros, ya en 1965 firmaban un manifiesto reprendiendo a la URSS por difamar a Israel.

Abelardo Castillo, uno de los más sólidos cuentistas argentinos de la segunda mitad del siglo XX, vecino del Once de toda su vida adulta, escribía en 1967: "He visto con vergüenza, como si yo mismo fuera judío, la firma de un escritor judío en un manifiesto que condena a Israel y, de hecho, justifica 'el arrojar a los judíos al mar'. ¿Qué es esto? ¿Inautenticidad? ¿Idiotez? ¿Es que esta gente no puede sentirse revolucionaria sin renegar de su propia condición?".*

En el mismo período, el escritor judeoargentino y peronista, Germán Rozenmacher, autor de obras situadas en el barrio, como "Cabecita negra" —que transcurre sobre la entonces calle Cangallo— y de *Réquiem para un viernes a la noche*, que podría definirse como una versión argentina del film *El cantor de jazz*, firmaba un manifiesto precisamente en contra de Israel, que se difundía en forma mural, en las paredes del Once.

En la esquina de Corrientes y Pueyrredón, Baldomero Fernández Moreno dejó para siempre reseñada una ausencia.

Setenta balcones y ninguna flor

Setenta balcones hay en esta casa,
setenta balcones y ninguna flor...
¿A sus habitantes, Señor, qué les pasa?
¿Odian el perfume, odian el color?

La piedra desnuda de tristeza agobia,
¡dan una tristeza los negros balcones!
¿No hay en esta casa una niña novia?
¿No hay algún poeta lleno de ilusiones?

¿Ninguno desea ver tras los cristales
una diminuta copia de jardín?
¿En la piedra blanca trepar los rosales,
en los hierros negros abrirse un jazmín?

Si no aman las plantas no amarán el ave,
No sabrán de música, de rimas, de amor.
Nunca se oirá un beso, jamás se oirá un clave...
¡Setenta balcones y ninguna flor!

* VV. AA., *Israel, un tema para la izquierda*, Buenos Aires, Nueva Sion, 1968. Excepto las referencias a Aguinis y Rozenmacher, todas las citas y comentarios de este párrafo provienen de este libro.

Pero hete aquí que el edificio sito en la esquina en cuestión tiene ochenta balcones, no setenta. De modo que, o bien construyeron secretamente diez pisos más, o Baldomero contó mal. O quiso decir que sólo en los primeros setenta balcones no había ninguna flor, o se tomó una licencia poética. O al fin al cabo no se refería a ese edificio.

El escritor, ensayista e investigador Álvaro Abós asesta uno de los argumentos más terminantes contra la idea de que el edificio haya sido el que veo todas las mañanas y tardes en Pueyrredón y Corrientes, en su libro *Al pie de la letra. Guía literaria de Buenos Aires*: "... se cree que [la poesía] está inspirada en el edificio situado en la ochava noroeste de Corrientes y Pueyrredón. Y no es así. Lo ha dicho claramente el autor: 'Setenta balcones, ni uno más ni uno menos. Los de una casa nueva, en el Paseo de Julio (hoy Leandro N. Alem) a alturas del primitivo Parque Japonés, contados una noche estuosa, en compañía de Pedro Herreros, desde un banco de piedra'".

Pero, piadoso, Abós agrega: "Los propios descendientes del poeta han reconocido que ya no intentan enderezar el error: vox pópuli, vox dei".*

Tanto Eliahu Toker como Moshé Korin acompañaron a Isaac Bashevis Singer durante su visita a la Argentina, en 1957. De modo que tengo al menos dos testigos de que este hombre, al que le gustaba jugar con fantasmas y aparecidos, pasó realmente por Buenos Aires (aunque no he corroborado si visitó Mar del Plata, como dice en su cuento "Hanka"; ni Entre Ríos, como testimonia en el cuento "La colonia", pero todo parece indicar que sí).

Bashevis cita el teatro Soleil como el lugar donde dio su lectura en Buenos Aires, uno de los principales teatros ídish del Once. A partir de aquella visita, el país aparece-

* Abós, Álvaro, *Al pie de la letra, guía literaria de Buenos Aires*, Mondadori, 2000.

ría en varios de sus relatos y novelas. En el cuento "La colonia", del libro *Un amigo de Kafka*, reseña la lenta disolución de las colonias agrícolas judías en Entre Ríos; en el libro de cuentos *La muerte de Matusalén*, la Argentina y Buenos Aires vuelven a aparecer como escenarios en "El acusado y el acusador" y "La mirilla en el portal"; en la novela *Escoria*, Buenos Aires es uno de los ámbitos principales y referencia continua, porque Max Barabander, el protagonista, es un proxeneta polaco que opera en nuestra capital. En esa novela, Singer anuncia, elípticamente, la importancia de la calle Junín:

> Shmuel me habló de su encuentro con usted —le dice Reyzl Kork al protagonista, Max, en Varsovia—; es una pena que yo no estuviera en esa taberna. Tengo una hermana en Buenos Aires, ¿sabe?
>
> —Dónde, en qué calle.
>
> —En la calle Yunín o Chunin; no sé cómo se pronuncia.
>
> —Conozco esa calle —dijo Max. Y luego pensó: "ahora ya sé a qué se dedica la hermana".*

Finalmente, en "Hanka", el primer cuento del libro *Passions* (*Pasiones)* aún no traducido al español—, Singer describe la calle divisoria del Once: Junín. Divisoria, digo, porque pasando Junín hacia Ayacucho, como ya advertí, se divisa un nuevo mundo.

Leí por primera vez a Singer a fines de los ochenta. Mi madre me había comentado, varios años antes, que en la novela *Enemigos, una historia de amor*, Singer era capaz de narrar algunas de las historias de los sobrevivientes de la Shoá en tono de comedia. Ya por entonces yo me ganaba la vida escribiendo y la mención de un autor que pudiera lograr este prodigio me provocó interés. Pero como me lo había recomendado mi madre, y además había ga-

* Singer, Isaac Bashevis, *Escoria*, Planeta, 1991.

nado el Premio Nobel (1978), lo dejé de lado con uno de esos prejuiciosos gestos juveniles que nos hacen perder tanto tiempo. Cuando ya vivía solo, en la casa de un amigo me encontré casualmente, otra vez, con *Enemigos, una historia de amor*. Lo tomé con cierta desconfianza, como quien le hace un favor al escritor o a su madre. No pude despegar mi vista del libro hasta que salí de aquella casa, y continué leyéndolo en el colectivo 12. Me bajé muchas paradas más tarde de la correspondiente, pero encontré lo que buscaba. Fue un encuentro providencial. Desde entonces, leí y releí todos sus libros, y en el 2002 traduje al español *The Death of Methuselah.**

¿Cómo hubiera imaginado tantos años atrás, cuando vivía en la esquina de la calle Junín y me negaba a leer los libros de mi madre, que veinte años después consideraría un tesoro este párrafo de "Hanka", en el que Singer describe la calle que es la cornisa del barrio?

> Jatzkl Poliva me llevó con su coche a un hotel de la calle Junín, una calle que alguna vez tuvo fama de ser un centro de prostitución. Poliva me dijo que el barrio había sido saneado y que allí se alojaban todas las visitas literarias. [...] Hanka me tomó del brazo y caminamos a lo largo de la calle Corrientes [...]. El largo día me había agotado y en cuanto Hanka se fue me derrumbé vestido sobre la cama y quedé dormido. Pero me desperté a las pocas horas. Había llovido durante la noche y el cielo estaba cubierto. Resultaba extraño estar a miles de millas de mi actual hogar, Nueva York, en un país ubicado al sur del mundo. América estaba llegando al otoño y aquí se abría paso la primavera [...]. La calle Junín se extendía húmeda, se veían casas viejas y tiendas cerradas con cortinas metálicas. Desde mi ventana distinguía techos y edificios de otras calles. [...] En Varsovia, siendo un chico, había escuchado a menudo escalofriantes relatos acerca de Buenos Aires. Que pequeños

* Singer, Isaac Bashevis, *La muerte de Matusalén y otros cuentos*, Bogotá, Norma, 2003.

coches andaban por las calles de Varsovia atrapando muchachas. Un rufián atraía con engaños a una chica pobre o a una huérfana, la llevaba a un sótano y trataba de pervertirla con promesas, con joyas baratas, y si no aceptaba ser prostituida la golpeaban. [...] Ahora Varsovia está en ruinas y yo estoy en Buenos Aires, precisamente en el barrio donde estas desventuras tuvieron lugar."*

Los judíos de Rusia y Polonia que recalaron en el Once no eran muy adeptos a recordar las polkas o los bailes brutales con que los cosacos festejaban los pogroms, de modo que sus hijos llegaron con los huesos vírgenes a los asombros del tango —el fallecido periodista Julio Nudler ha abundado en el tema con su revelador libro *Tango judío*.**

En este barrio prodigioso se alzaban sucuchos mal iluminados donde el baile urbano de los argentinos parecía un pecado y una plegaria al mismo tiempo: el Almacén Suizo, de Corrientes y Pueyrredón; El Baile de Concepción Amaya, en Lavalle 2177; la academia de baile El Dorado, de Uriburu y Corrientes; el Café Gigi, de Corrientes y Azcuénaga.

Eran sitios de encuentro muy distintos a los bares de café concert, varieté y comida ídish que reseñaremos en el capítulo XI. En las mismas cuadras, casi en los mismos locales, convivían universos diferentes. El tango obligaba a otra ropa, a otra cadencia, aunque también pudiera cantarse en ídish.

Carlos Gardel y Jose Razzano, el Jilguero de Balvanera Sur, eran del barrio y debutaron en el Armenonville en 1913. Julio De Caro y Alberto Castillo vivieron su adolescencia en Balvanera. Raúl González Tuñón, que nació en 1905 en Saavedra al 600 y que vivió por todo el

* Extraído del cuadernillo Geografía Literaria-Dirección del Libro y Promoción de la Lectura de la Secretaría de Cultura de la Ciudad de Buenos Aires. Traducción del párrafo: Eliahu Toker.

** Julio Nudler, *Tango judío: del ghetto a la milonga*, Buenos Aires, Sudamericana, 1998.

mundo, se refiere así a la calle y a la casa de su infancia: "Una calle fraternal, llena de familias de inmigrantes, de italianos, alemanes [...]. Una casa típica de esa ciudad de aluvión".*

Discepolín, esmirriado y candoroso, ¿en qué otra parte podría haber nacido? ¿En Belgrano? En Pompeya se lo hubieran comido vivo. El autor de *Uno*, de *Yira... yira*, dramaturgo y actor (protagonizó la película *El hincha*), vino al mundo en Paso al 100, en 1901, y, siguiendo la parábola del barrio —se entra por Agüero, se sale por Callao—, se fue del mundo por Callao al 700, cincuenta años después.

La Perla del Once, en La Rioja y Rivadavia, albergaba a Macedonio Fernández y Jorge Luis Borges en reuniones disparatadas. No fue el único refugio de Borges en el barrio: cuando en 1973 el peronismo lo apartó de su cargo como Director de la Biblioteca Nacional, Bernardo Ezequiel Koremblit le cedió su propia oficina en la Sociedad Hebraica Argentina, en Sarmiento al 2200. Durante más de un año, Borges concurrió allí a escribir, leer, dictar sus conferencias y escuchar las de otros.

Marco Denevi eligió la misma esquina de Rivadavia y La Rioja, en *Rosaura a las 10*, para situar la pensión La Madrileña, donde Camilo Canegato pintaba una y otra vez el retrato de la inexistente Rosaura.

Tan inexistente como el Once, que, de tanto nombrarlo, finalmente aparece.

* Abós, Alvaro, ob. cit.

X

Una de tres

(fragmento del cuento "Tres de Once" y reaparición de Nimrod)

La historia que sigue es una de las tres que resultaron de un encargo y un corte de luz. De no haber sido por el encargo, tal vez nunca las hubiera escrito. De no haber sido por el corte de luz serían once, y no tres. A su modo, tal vez sean la génesis de este libro. El corte de luz no puedo exagerarlo, y mucho menos inventarlo: está registrado en todos los diarios porteños del verano de 1999. Fueron once días sin luz.

Por aquel entonces, Natán Berblum, un imprentero con casa en el barrio de Belgrano y negocio en el barrio de Once, me llamó y me dijo que se le había ocurrido una idea: para Pésaj —faltaban tres meses—, en vez de una tarjeta, regalaría un libro a una veintena de importantes clientes de Miami, Latinoamérica y Argentina.

Berblum imprimía folletos turísticos para grandes empresas de viajes, folletos y libros para diversas sinagogas reformistas, y la papelería de un sinnúmero de congresos y convenciones. Tenía una oficina en Miami y otra en Venezuela. Por una nota periodística, me había enterado de que imprimía todas las guías de una empresa de turismo para homosexuales. Había comenzado como imprentero, pero ahora además poseía la concesión, entre otras muchas, de uno de los kioskos de revistas de aeroparque. También tenía intereses en la distribución de libros en las paradas de diarios. Su voz era cascada y llevaba un puro entre los labios. Era gordo desde siempre. Quería que yo escribiera once cuentos sobre el barrio de Once. Haría una edición de cien libros y me pagaría un adelanto y un saldo, como precio fijo. Ni un centavo por derechos. Después de dos años, yo podría utilizar los cuentos a mi antojo, pero él podría reeditar su libro siempre que quisiera, aunque nunca más de cien ejemplares por año. Hablamos unos minutos de dinero y nos pusimos de acuerdo.

(...)

EL ANILLO

Los negocios parecían especialmente sucios y los empleados y dueños se dejaban ver sentados en los zócalos de las entradas, con caras vacunas, sin trabajar. Se había cortado la luz. No había luz en diez manzanas a la redonda. El Once transpiraba, y el polvo se adhería a las marquesinas de por sí nunca demasiado limpias. La basura acumulada en las raíces de los pocos árboles parecía aun más hedionda. Temí ver aparecer ratas.

Llegaba tarde al barrio, recién había bajado de casa a las tres. Mi casa queda justo en la intersección entre Barrio Norte y Once. En mi hogar, correspondiente a otra compañía de luz, la energía eléctrica funcionaba. Supe que el Once estaba sin luz desde el día anterior a las cuatro de la tarde. La importante compañía transnacional que había comprado la luz de la mitad de la Capital Federal de la Argentina no había sido capaz de mantener en buen estado cierto cable central: un incendio en sus instalaciones dejó sin luz media ciudad. El corte, entonces los vecinos lo ignoraban, duraría diez días más.

Cuando llegué a la calle Ecuador, el caos recién comenzaba, y ya era difícil de soportar. Subí a mi estudio, en el sexto piso, por las escaleras. En un escalón entre el primer y el segundo piso me encontré con el único religioso del edificio. Un judío de barba negra, yo sospechaba que teñida, tafetán negro, peies, sombrero de fieltro y expresión invariable. El hombre me llamaba la atención, porque creía conocerlo de otra vida: creía haberlo visto alguna vez sin su ropaje religioso, sin su barba. Por las boletas de luz —que ahora resultaban irónicas— que llegaban y quedaban desparramadas en el palier, yo sospechaba o sabía que se llamaba Jacobo Weir. Pasé, delante suyo, como siempre, sin saludarlo ni ser saludado. Era viernes y no me hubiera costado regalarlo con un "shabat shalom", pero me fastidiaba que nunca me dirigiera la palabra, y no quería que sonara a "yo también soy judío". En el quinto piso, el portero me informó que dos horas atrás habían dado veinte minutos de luz, y se había vuelto a cortar. Llegué a mi estudio transpirado y, como un autómata, prendí la computadora y miré si había mensajes en el contestador. Ninguno de los dos aparatos aceptó funcionar sin luz eléctrica.

Busqué un cuaderno, una lapicera —las únicas cosas que siempre encuentro—, me senté en mi reluciente mesa de madera y escribí la historia de Pamela y Beto. Mientras la escribía, me dije que la luz del mundo podía dejar de funcionar, y aun así el viejo Mossen continuaría escribiendo sus historias, sin inmutarse. Yo no necesitaba luz eléctrica, apenas un empresario dispuesto a pagarme. Pero entonces, sobre el final, recordé que había acordado una cita con la mujer que debía venir a contarme su historia, y que no podría usar el portero eléctrico. Tendría que bajar nuevamente las escaleras para esperarla. Terminé de escribir la historia de Pamela y Beto y la luz no había regresado. De todos modos, el buen resultado del relato atemperó mi ánimo. Bajé a buscar a Inés, que debía haber llegado hacía unos diez minutos.

Jacobo Weir aún estaba parado en el mismo escalón. No me saludó, no lo saludé. Miré hacia una esquina y hacia otra, e intenté encontrar alguna relación entre la ausencia de la mujer y la falta de luz. ¿Tal vez la inexistencia de semáforos había retrasado a los colectivos que la traían desde la Villa 31 de Retiro? No, no podía ser. Además, yo había ofrecido pagarle un taxi, y ningún taxista se arredra por tener que atravesar la ciudad sin reglas.

Subí nuevamente a mi estudio, dejando en el camino un reguero de sudor. Abrí la puerta y me lancé contra la heladera. La botella por la mitad de agua mineral comprada una semana atrás estaba tan caliente como mi cuerpo. Me la tiré en la cara y dejé que unas gotas me tocaran la lengua, pero el agua tibia me dio asco y sentí náuseas.

Fui al baño, abrí la canilla y puse la cara y la boca. Entonces tuve una revelación: mi contestador usaba un casetito, y yo tenía un grabador a pilas de periodista que usaba esos mismos casetitos: ¡la empresa transnacional no había vaciado de energía mis pilas y yo podía escuchar mis mensajes! ¡Podía escuchar mis mensajes! Descubrí sólo entonces cuán angustiado estaba por la imposibilidad de repetir el rito diario de apretar la tecla del contestador y escuchar una serie de pitidos vacíos, o bien uno o dos mensajes sin ninguna importancia, de mi madre, mi hermano, mi esposa o la empresa telefónica ofreciéndome sus servicios.

Sin secarme, retiré el casetito del contestador (mi abuela me había prohibido tocar artefactos eléctricos con una gota de agua en el cuerpo, ¡pero no había luz!) y lo puse en mi grabador de periodista. Pasaron un par de pitidos y luego una voz que me costó reconocer. Era Natán Berblum: me decía que, por culpa del corte de luz, se interrumpía nuestro proyecto. Podía quedarme con el adelanto, como parte de pago para la concreción final, el año próximo o el otro.

Apagué el aparato sin esperar más mensajes. ¿Cómo me iba a dar el *knock out* por un día sin luz? Yo pensaba que Berblum era dios, y se me revelaba como ni siquiera un hombre. Levanté el tubo del teléfono para llamarlo, pero también era eléctrico. Ahora ya no sentía que podía seguir adelante sin luz. Tenía los brazos pegados a las axilas por el sudor, e Inés no llegaba. Quizás era una suerte que no llegara, ahora que el proyecto se había cancelado. Pero yo no lo iba a dejar así, no señor.

Bajé corriendo las escaleras, Natán Berblum tenía su imprenta en Boulogne Sur Mer y Lavalle. Jacobo Weir, parado en su escalón, me vio pasar a la velocidad... de la luz. Llegué a paso rápido a la imprenta Berson (Berblum e hijos) y me encontré a con la secretaria Rita ("la de los pechos como estalactitas"). Tenía el pelo rubio recogido en un rodete y altiva su cara de campesina culta. Una mujer entera de cuerpo duro. Era el único ser viviente del barrio al que no parecía haber afectado el corte de luz. ¿Se sacaría Natán el cigarro de la boca para mancillar su cuerpo de invulnerables cuarenta años? "Una mujer que es bella a los cuarenta años", le dije una vez, "nunca dejará de serlo". "Yo todavía no tengo cuarenta", me respondió con desprecio. Llamó a Natán por el intercomunicador.

—¿Tienen luz? —le pregunté extrañado, todo aparecía apagado alrededor.

—Para esto sí —dijo.

—¿Un generador?

—Subí por esa escalera —me contestó, señalándome unos mosaicos grasientos, al fondo de la entrada, detrás de la imprenta del año del jopo.

En el primer piso, Natán se encontraba en el mejor de los mundos. Una habitación en penumbras, apenas iluminada por valiosa luz eléctrica y aire acondicionado. No volví a preguntar si tenía generador.

—¿Por qué tenés todo apagado abajo? —pregunté.

—Para no dar envidia a los vecinos —respondió.

Sobre una mesa de paño verde, descubrí, se acumulaban fajos de billetes también verdes. Era mucha plata: quizás la dejaba allí para que le diera el aire acondicionado.

—Teníamos que llegar justo para Pésaj —me explicó—. Apenas teníamos tiempo. Cada día había que adelantar algo: hoy tenía que hablar con los de encuadernación. No hay nadie en ningún lado, no andan los teléfonos, no andan las computadoras. Tuve que suspender el proyecto.

—Natán —le dije—, faltan dos meses y medio. Por ahí vuelve la luz mañana. Ya empecé, escribí un cuento.

—Y yo te pagué un adelanto —me dijo—. Pero la luz

no vuelve mañana: me llamaron… —no aclaró quién, pero le gustaba no aclararlo—. De acá a diez días, no creo que tengamos más de veinte minutos de luz cada veinticuatro horas.

—Yo puedo escribir sin luz —dije.

Se sacó el cigarro de la boca para decirme:

—Ustedes tienen la luz sagrada. Pero yo sin la eléctrica no puedo hacer nada.

—Tenés sucursales en Miami, en Venezuela…

—Prefiero quedarme sin clientes antes que tomarme todas esas molestias para regalarles un libro. Lo dejamos para el año que viene.

—Mirá toda la plata que tenés… —le dije de pronto.

—No es tanta —dijo—. Y no es mía.

—Dame un cigarro —le dije.

—¿Vas a fumar?

—No. Los muerdo.

Sacó un cigarro del bolsillo interior y me lo extendió. En broma, señalando los billetes, agregué:

—Y uno de ésos.

Tomó un fajo, sacó un billete de cincuenta dólares y me lo extendió.

—Te lo decía en broma.

—Agarralo —insistió.

—No son tuyos —dije.

—Lo repongo.

Recibí el billete y lo guardé en el bolsillo trasero de mi pantalón. Salí rumbo a mi estudio con un cigarro en la boca y Rita ni siquiera alzó la cabeza para saludarme. Pero sus pechos continuaban de pie. En la carnicería kosher, la carne se pudría. Vi al dueño de la heladería que vendía el kilo por un peso arrojando por la alcantarilla litros y litros de un líquido amarillo, todos los sabores muertos y amalgamados en esa sustancia descompuesta: el coco, el pistacho, el sambayón, el dulce de leche granizado. Comerciantes que habían sobrevivido a las peores crisis económicas del siglo, ahora derrotados por la falta de luz. Todo mi barrio parecía Job. El dueño de un bar vacío miraba al cielo como preguntando: "¿Qué más?". Yo ya casi no temía a las ratas: ahora me daban pánico los microbios.

El olor a carne podrida colmaba el aire quieto del verano. La basura parecía reírse de nosotros. Muy pronto se declararía el tifus, la cólera, volveríamos a los tiempos del gueto. Un religioso pasó a mi lado, sin transpirar, vestido con sus ropas del invierno polaco, apurando los pasos para preparar el shabat. Llegué al estudio, medianamente alegre por mordisquear el cigarro. Inés no vendría. Me detuve frente a Jacobo Weir y le dije:

—¿Quiere que lo ayude a subir?

—Por favor —respondió.

—Disculpe —le dije sinceramente cuando puse mi mano en su brazo—. No sabía que quería subir…

—Ya sé, ya sé. Yo tampoco te lo pedí. No sé si se puede.

Era shabat: los judíos tenemos prohibido trabajar y cargar objetos. Yo tampoco sabía si se podía o no cargar personas. Me sorprendió que Jacobo Weir supiera tan poco como yo.

—Tengo una hernia de disco. No puedo subir escaleras.

Vivía en el cuarto piso.

—¿Y cómo hace los viernes? —pregunté—. Si no puede usar el ascensor…

—Ya arreglé con el portero. Los viernes a las cinco y cuarto me deja la puerta del ascensor abierta, subo, la cierro y él me llama desde el cuarto.

Yo sabía que en ciertos edificios con población religiosa los ascensores paraban automáticamente en todos los pisos para que los ancianos pudiesen utilizarlos sin violar el shabat. Jacobo Weir lo había resuelto de modo manual.

—¿Por qué no le pidió al portero que lo ayude a subir? —dije resoplando.

—No sé si se puede. Un gentil te puede ayudar, pero si no se lo pedís directamente.

Su ignorancia y el exceso de celo puesto en el cumplimiento de las normas me recordaron la sensación de haberlo visto alguna vez sin los atuendos ortodoxos. Los nacidos en la ortodoxia conocen las reglas al dedillo y se las toman con mucho más calma.

A duras penas llegamos y eché un vistazo introspectivo a la situación: en un campo de batalla, ayudaba a mi compañero herido a regresar a las trincheras.

—Pase, por favor —dijo abriendo la puerta de su casa. En las penumbras se hallaba sentada una mujer con pañuelo en la cabeza y gigantescos anteojos transparentes, a la que no lograba calcularle la edad. No había nadie más.

—Mi esposa le traerá un té frío —dijo, y ordenó:— ¡Bety!

Bety fue a buscarme el té frío.

—¿Cómo consiguen tenerlo frío? —pregunté.

—Ah —aclaró—, quise decir que no está hervido.

—Está bien —asentí.

Me trajeron el té tibio. Bety tomó un libro religioso y comenzó a leerlo y a murmurar.

—¿Las mujeres pueden leer todos los libros? —le pregunté a Jacobo Weir. Hizo un gesto de desconocimiento con los hombros y el rostro.

—¿Cuándo se hizo religioso usted?

—En el año 94.

—¿Durante un viaje a Israel?

—No, qué viaje a Israel —me respondió con un tono distinto, de judío laico—. Acá.

Tenía las manos llenas de pelos negros.

—Bueno —dije—. Me voy. Shabat shalom.

—Quédese un rato más —pidió—. Tengo un poco de léikaj. ¡Bety!

Bety se había alejado hasta el balcón con el libro, regresó con paso cansado, dejó el libro sobre un mueble y miró a su esposo con expresión entre sumisa y rebelde.

—No quiero nada —dije—. Muchas gracias.

—¿Puedo ir al templo? —preguntó Bety a Jacobo Weir.

Jacobo asintió sin una palabra.

—¿Usted no va? —pregunté cuando Bety nos dejó.

No me respondió.

—No quiere léikaj —dijo de pronto—. Me ayudó a subir. Hoy es shabat. ¿Qué puedo hacer por usted?

—Cuénteme cómo se hizo religioso —dije.

Jacobo Weir alzó la vista hacia mí y su tranquilidad pareció no ser más que una de las prendas que había comenzado a vestir en el año 94.

—Me está pidiendo mucho —me dijo.

—No hace falta que me dé lo que le pido. Hubiera sido un cretino si no lo ayudaba a subir.

Jacobo Weir dejó escapar una carcajada. Se mesó la barba.

—Le voy a contar —suspiró—. ¿Quién sabe cuánto voy a vivir?

—Una hernia de disco no mata. Lo que mata es estar casado —susurró en un tono jocoso. Y lanzó una nueva carcajada.

No respondí, pero lo apañé con una sonrisa.

—Bety es buena. Hizo tchuvá, como yo.

En la "sin luz", el silencio adquiría dimensiones místicas.

—Me enamoré de la hija de un amigo —dijo de pronto Jacobo Weir.

Lo miré sorprendido.

—¿No me dijiste que querías que te cuente? —pasó al tuteo—. Te cuento. Me enamoré de la hija de un amigo.

— Increíble.

—¿Qué tiene de increíble? ¿Es increíble caer en la tentación con una chica de 25 años? Lo increíble es no caer.

—Increíble porque estoy esperando a una mujer que no viene y que me iba a contar una historia de amor. Ahora me parece que usted me va a contar una.

—¿Siempre interrumpís así?

Asentí.

—Es un defecto —reconocí—. Esta mujer que no vino tuvo un romance con un muchacho argentino que murió en la guerra del Líbano. Cuando yo lo estaba ayudando a usted a subir, pensé: "Somos dos soldados, estoy ayudando a mi compañero a llegar a su trinchera". Y que ahora usted tenga una historia para contar, parece toda una serie de casualidades complementarias.

Movió la mano en un gesto de desinterés por mi teoría.

—Yo volvía de Miramar y los padres me pidieron que la trajera para la Capital, porque tenía que dar un parcial de arquitectura.

—¿A los 25 años todavía no se había recibido?—pregunté.

—Era una chica con problemas. Muchos problemas. Muy desequilibrada. La locura se le notaba en el cuerpo: pero en forma de belleza. Tenía un cuerpo loco: despampanante.

Busqué en el rostro de Jacobo Weir huellas de lascivia, de dolor, pero parecía haber hecho realmente el duelo. Hablaba con la calma de quienes han logrado alcanzar la otra rivera del río del amor.

—La llevé a Buenos Aires. Yo sabía, por los padres, que se drogaba. Que tenía muchos novios. Trataba de estudiar, pero le resultaba muy difícil. La atendían distintos doctores para sacarla de las drogas. La llevaron a Estados Unidos. No había caso. Verónica.

—¿Qué le pasaba?

Jacobo Weir pensó unos instantes y se llevó un dedo a la sien derecha.

—Yo creo que era de la cabeza —respondió—. Quiero decir: del cerebro, no psicológico.

—¿Le hicieron alguna tomografía?

—Varias. Pero no aparecía nada. Igual, yo creo que era algo neurológico, no psicológico.

—¿Un problema neurológico te puede convertir en un adicto a las drogas? —dudé.

—Vivir te puede convertir en un adicto a las drogas. Mucho más si tenés un problema neurológico. En mi camioneta, cuando la llevaba para Buenos Aires, hablamos. La escuché, no le di ni un consejo. Me habló de sus novios, de uno que le pegaba, de la impresión que le daba clavarse jeringas. Quizás esperaba que le pidiera que se callase, que me espantara, que por el horror perdiera el control de la camioneta y por fin pudiera morirse. Pero a mí me asaltó no sé qué, de compasión, de madurez, de saber que estas cosas no las podía hablar con su padre, y que yo estaba haciendo una buena acción al escucharla. No era religioso todavía, pero ya tenía el concepto de buena acción. Una mueca trágica le invadió el rostro. —En un momento, cerca de Chascomús, me dijo que yo era "tranquilidad". Así me dijo: "Sos tranquilidad, Jorge".

—¿Jorge? —reaccioné.

—Mis padres me llamaron Jacobo, pero desde adolescente me hice llamar Jorge.

—¿Y ahora? —pregunté.

—Jacobo —respondió—. Verónica, después de soltarme el entero desastre de su vida, se quedó tranquila. No sabés, parecía una criatura, una niña que se acabara de despertar y lavarse la cara. "Mi papá siempre me traía a comer medialunas acá", me dijo. "¿Querés?", le pregunté. Bajamos a comer medialunas. Lloró mientras las comía. Tomó una de mis manos y me la besó. Yo retiré la mano asustado. Cuando llegamos a Buenos Aires, me dijo: "¿Te puedo llamar alguna otra vez para hablar con vos?". "Por supuesto", respondí. "Pero no se lo digas a Gerardo", me dijo. Gerardo era el padre. No le contesté. Bajó de la camioneta y sus muslos rozaron los míos. Descubrí que estaba enamorado y que no debía permitir que me llamara. No debía hablarle nunca más. Era una loca con un cuerpo destructor: no sólo la destruía, también podía destruirme…

"Pobre Verónica —siguió—. Me llamaba, día y noche. Yo le cortaba. Si atendía Bety, la propia Verónica cortaba, sin contestar. Atendió pocas veces, gracias a Dios, Bety, pero yo sabía que era ella. La loca se había desatado. Yo era su nueva droga. Entonces, se fueron a Brasil.

—¿A Brasil?

—A Brasil. Todos. Verónica, Gerardo y Marta. Los tratamientos no funcionaban, en la facultad no avanzaba, y a Gerardo le apareció un negocio importante en Brasil: la concesión del restaurante de un hotel. Se fue con toda la familia. Por cartas y llamados, supimos que ella estaba mejor. A mí me resultaba difícil creerlo, pero Gerardo hablaba de la mejoría de su hija con convicción, sin negar los problemas pasados. Nunca decía: "Está bien". Siempre: "está mejor". Eso lo hacía más verosímil. Un año después nos invitaron a visitarlos. Decidimos, con Bety, viajar.

—¿Ustedes tienen hijos? —pregunté.

—Bety no puede —respondió apesadumbrado Jacobo Weir—. Llegamos a Brasil. El restaurante era una pizzería de lujo dentro de un hotel de Barra de Tijuca. Gerardo, Marta y Verónica vivían en el hotel. Bety y yo preferimos alquilar por dos semanas un departamento junto al mar. Primero pensamos en ir en auto, pero a mí me habían robado la camioneta...

Jacobo Weir hizo algo extraño con los ojos: no era ponerlos en blanco, pero parecido. Se levantó y llevó consigo la taza de té.

—¿Querés más té? —preguntó.

—No —dije—. Después.

Salió del cuarto y regresó con la taza llena de té. Dejó la taza sobre la mesita ratona, y antes de sentarse dijo:

—No me robaron la camioneta. La vendí para comprarle un anillo a Verónica.

—¿Puedo ir a buscar un poco de té? —pregunté. Me acababa de dar cuenta de que, cuando Bety regresara, Jacobo Weir ya no podría continuar su relato.

—Hay vasos limpios en el estante de arriba —me indicó—. Los blancos.

Encontré la cocina, el estante y la jarra de porcelana con el té negro.

—¿Azúcar? —grité.

—Ya tiene.

Me senté rodeando con la palma de ambas manos mi taza de té. Observé otra vez, involuntariamente, las manos peludas de Jacobo Weir.

—¿Por qué hizo eso? ¿Por qué vendió su camioneta para comprarle un anillo a una muchacha que no veía hacía un año?

—A la que no veía hacía un año, y a la que además había evitado. No sé. Su cuerpo, como te dije, era destructor. Me enamoré, me enloquecí. Me destrozaba el corazón la idea de que ella se me había entregado, de que ella venía a mí, y yo la había dejado ir. Y que por ahí ahora, en el Brasil, se acostaba con cualquier vagabundo, con ancianos... Y yo la había abandonado. Yo, su tranquilidad. La quería para mí.

—Pero había pasado un año... ¿Lo siguió llamando?

—Ni una vez, desde que llegó a Brasil. En ese momento, yo quería que me llamara.

—¿En un año no se le pasó?

—Todavía no se me pasó. Bety creyó sin problemas el robo de la camioneta.

—¿Usted a qué se dedica?

—Ahora vivo de rentas, de dos departamentos que heredé. Pero entonces estaba en corretaje: entregaba mercadería con la camioneta.

—¿Y vendió la camioneta?

—¿No te lo dije ya? Me volví loco. Llegamos a Brasil y, cuando la vi, no me arrepentí de lo que había hecho. Ésa era la mujer con la que había soñado los últimos meses: sería mía.

—¿Usted qué quería con ella?

—Todo lo que me pudiera dar. Le regalaría el anillo, le pediría todo y aceptaría lo que quisiera darme.

—¿Qué es todo?

—Huir juntos. Casarnos, tener hijos, lo que ella quisiera.

—Pero ella estaba mal de la cabeza... —interrumpí.

—No me importaba —dijo Jacobo Weir, y llevándose el dedo a la sien derecha agregó:

—Yo también estaba mal de la cabeza. La mejoría de Verónica era aparente —continuó—. En efecto, había dejado de drogarse. Y ya no entraba y salía maniáticamente de cada habitación, ni daba saltitos ansiosos. No hizo comentarios sobre nuevos "proyectos" (en su peor momento, era capaz de anotarse en tres carreras distintas). Se comportaba como una buena hija soltera, pegada a sus padres. Pero todo era superficial. Mostraba hacia sus padres una cortesía, yo no te diría excesiva, sino vacía. Iba a la playa, se metía al mar, pero era como si el mar no la mojara. No sentía las cosas que hacía. ¿Qué había en su alma? Parecía una monja. La cara blanca, los gestos cuidados, mucho silencio, movimientos lentos, calmos. Y, por el comentario de los padres y hasta donde llegué a ver, completamente casta. Una tarde toqué la puerta de su habitación y me hizo pasar sin preguntarme qué quería.

—¿No le dio culpa hacerle una propuesta desestabilizadora a una muchacha que se estaba recuperando?

—Mucha —aceptó Jacobo Weir—. Temblaba y sentía la boca paralizada. Me daba mucho más culpa por Verónica que por Bety. Le dije, a Verónica, que suplicaba su perdón por no haberla atendido. Me dijo que no me preocupara y me acarició la cara, con ternura. Yo por entonces me afeitaba. Tomé su mano y se la besé, como ella me la había besado a mí en la confitería de las medialunas. "Estoy mejor", me dijo. "Yo no", respondí. "Te quiero. Sé que puedo hacerte feliz. Lo único que me importa sos vos." Yo creía en todo lo que le decía. "La última vez que estuve junto a vos fue en mi camioneta", seguí, "después, no me creí lo suficientemente fuerte. Pero cuando te fuiste... Ya no puedo estar en esa camioneta si no es con vos. La vendí. Esto es para vos, Verónica".

—¿Aceptó el anillo? —pregunté.

—Trató de rechazarlo, pero no la dejé. Me tomó la cara y me dio un beso en los labios. Me dijo: "No puedo recibir el anillo, no sé qué responderte. Todavía estoy mal, estoy tan confundida". "No te lo regalo", le dije, "te lo dejo en consignación: si me decís que sí, te lo quedás; y si lo pensás, y preferís decirme que no, me lo regresás." Se rió por la palabra "consignación" y yo la había dicho para que se riera. Bety nunca se reía de mis chistes. Además, yo era su tranquilidad, la tranquilidad de Verónica; para Bety era un castigo.

—¿Y ahora? —pregunté.

—Ahora somos cada cual el consuelo del otro. Entre

Verónica y yo había amor, descubrí entonces. Su cuerpo estaba intacto. Ella no me era indiferente, no me había sacado de su cuarto con gritos destemplados, no se había reído de mí. “No creo que soporte mucho más tiempo viviendo acá”, me dijo. “Voy a volver a Buenos Aires, a devolverte el anillo.” “Si es que preferís devolvérmelo”, dije. Ella asintió. Me estaba dando la chance: lo pensaría. Salí de su habitación esperanzado, eufórico.

”Estuve con Bety y después fuimos al mar. Yo parecía un jovencito, Bety estaba alegremente sorprendida: le dije que eran las vacaciones, que todos los problemas y el malhumor eran por culpa del estrés.

”Yo había visitado a Verónica tres días antes de regresar a Buenos Aires, y los tres días restantes fueron de normalidad. Nadie descubrió nada. Gerardo estaba muy bien, feliz de ver a sus amigos y más feliz aún de que su hija estuviera al menos tranquila. Marta, en cambio, observaba a su hija con más cautela, no aceptaba con tanta docilidad su mejoría y creo, aunque espero que Dios nunca lo permita, que sospechaba algo.

”Nos acompañaron al aeropuerto y yo sentí, en el avión rumbo a Buenos Aires, que era el mejor viaje que había hecho en mi vida.

Como si fuera la publicidad en una serie de televisión, escuchamos la llave de Bety en la cerradura. De algún lado surgió un zumbido y de uno de los pisos el grito: “¡La luz!”. Bety apretó el interruptor de la sala de estar y pude ver con claridad un cuarto despojado, prolijo pero sin vida, con sólo dos cuadros, de figuras rabínicas.

—Aprovechemos el ascensor para que me revise lo que le pedí —dije.

—Quiere que me fije en una mezuzá —le dijo Jacobo Weir a Bety.

—Enseguida se lo traigo— le dije a Bety.

—Vayan tranquilos —aceptó Bety, pero agregó:

—¿No quiere un té?

—No, gracias. Ya tomé.

Tenía la garganta seca y me moría por un trago.

Subimos en el ascensor a mi estudio. Abrí las puertas y oprimí los botones.

—Voy a tener que regalarte una mezuzá —dijo Jacobo Weir.

—La voy a recibir con mucha gratitud —dije—. Pero puede decirle a Bety que todavía no la coloqué.

Hizo un gesto de "no tiene importancia" con la mano.

—Una semana después, los padres trajeron el cadáver de Verónica a Buenos Aires. La enterraron en Tablada: se había suicidado, con pastillas, en su habitación del hotel de Barra de Tijuca. Ese día la había visitado un muchacho, supieron después. El conserje lo había visto salir. El día del entierro, apenas intercambiamos condolencias. Se las arreglaron para no tener que enterrarla contra el paredón, como a los suicidas. Unos días después vinieron a casa. Gerardo estaba destrozado, no podía hablar. Había envejecido cien años. Marta lo tomó con más calma: fue ella la que nos contó que Verónica, antes de morir, se había puesto en el dedo anular un anillo que, según le dijeron, valía más de cinco mil dólares. El anillo era un enigma para ambos: Verónica no tenía más plata que la que ellos le daban y no conocían a nadie que pudiera habérselo regalado. ¿Por qué se lo había puesto para morir? Luego de que la policía lo analizara, volvieron a ponérselo en el mismo dedo: por muy enigmático que fuera, su hija había decidido morir con ese anillo, y ellos la iban a respetar. Yo ya me había comprado una camioneta nueva, con un préstamo.

—¿De qué banco?

—Berblum —dijo por toda respuesta, y yo guardé silencio. Siguió: —Logré a duras penas convencer a Bety de que era con la plata del seguro. Ella nunca se metía en mis cuentas.

Estábamos sentados cada uno a un lado de la reluciente mesa de madera de mi estudio. No podía haber mensajes, porque yo me había olvidado de regresar el casetito al contestador. El monitor de la computadora estaba prendido y no me ocupé de apagarlo: pronto el corte de luz lo haría por mí. Fui al baño y tomé agua de la canilla. Me humedecí las muñecas y la nuca. Regresé junto a Jacobo Weir.

—Pero lo descubrió —dijo—. El precio de la camioneta y el del anillo, aunque no había forma de que Bety los comparara, eran en miles de dólares y, muy lejanamente, podían llegar a asociarse, incluso por Bety. Un día alguien llamó y dijo que era el comprador de la camioneta. Yo había tomado todos los recaudos, utilizado un mediador... pero esas cosas pasan. Primero Bety pensó que era el ladrón, que quería extorsionarnos, sacarnos algo más. Yo apoyé su teoría. Pero con las semanas, comenzó a atar cabos. Por último, descubrió que yo había sacado plata de nuestros ahorros —lo había hecho, para completar el préstamo— y que ningún seguro me había pagado nada. Fue el final.

”Vos tenés que tener en cuenta —dijo Jacobo Weir apretándose una mano contra otra— que entonces ni mi esposa ni yo éramos practicantes. Éramos un clásico matrimonio neurótico de clase media alta, con sus peleas, sus ambiciones, su egoísmo, su normalidad... Bety enloqueció. Primero me atacó hasta hacerme confesar que era yo el que le había regalado el anillo a Verónica. Me dijo que si yo no confesaba, se tiraba inmediatamente por la ventana. Confesé. Me preguntó si me había acostado con ella y respondí la verdad: nunca. No me creyó. Le aseguré que así como había aceptado mi culpa en lo del anillo, también debía creerme cuando le decía que no me había acostado con Verónica, y eso no cambiaría ni aunque se tirara por la ventana. “Pero entonces además de loco sos imbécil.” Yo asentí. “Le voy a contar todo a Gerardo”, me gritó. “Sólo vas a lograr causarle más dolor”, le dije sin entonación. Y entonces trató de tirarse por la ventana. La detuve. Se dejó caer sobre mi pecho y sollozó, un largo rato. Después de desahogarse, cuando yo pensé que tal vez algo nuevo podía comenzar entre nosotros, me dijo con mucha tranquilidad: “Quiero el anillo”. “Ya escuchaste: lo tiene ella.” “Lo quiero.” “¡Está enterrada!” “Quiero ese anillo.”

Ahora Jacobo Weir se sostenía un dedo, ocultaba su dedo anular derecho en el velludo puño de su mano izquierda.

—¿"La gota que horada la piedra" es la frase? —me preguntó Jacobo Weir sin esperar que le respondiera—. Las mujeres y los niños pueden pedir las cosas durante una infinita cantidad de tiempo. No hay modo, si uno permanece casado, de negarle a una esposa un deseo permanente. Los hombres no tenemos la fuerza para mantener un pedido durante tanto tiempo, o pensamos que pedir de ese modo hiere nuestra dignidad. Pero no es que seamos más dignos, ninguna persona es digna. No estamos hechos para la dignidad.

—¿Cómo deberíamos estar hechos para poder ser dignos?

—Sin deseos —respondió Jacobo Weir—. Como las tortugas.

—¿Las tortugas son dignas? —pregunté divertido—. ¿Por qué?

—No sé. Siempre pensé que las tortugas no tienen deseos. Bety me doblegó. Me exigía el anillo de la muerta. Si yo había vendido la camioneta para comprar ese anillo, debía dárselo a mi esposa.

—¿Usted ya había olvidado a Verónica? —pregunté—. Quiero decir, ¿la extrañaba, pensaba en ella?

—No sé —repitió Jacobo Weir—. Mi cabeza estaba ocupada por el reclamo de mi esposa. Lloraba, me insultaba, me reclamaba el anillo, sin sugerir cómo podíamos recuperarlo. Yo no podía pensar en separarme: Bety me acusaba de haberme acostado con Verónica porque ella, Bety, no podía tener hijos. Si yo me separaba de Bety, la mataba. Y yo ya había matado a una mujer.

—No creo que se haya matado por usted —dije refiriéndome a Verónica—. Esa chica no podía vivir mucho.

—Se puso el anillo antes de morir. ¿Quién sabe? Pero yo no podía cargar con la separación de Bety, no podía dejarla, yo mismo no lo soportaba. Quería simplemente que dejara de pedirme el anillo. No me dejaba dormir, no me dejaba comer. Aunque no dejamos de mantener...

Jacobo Weir se detuvo un instante: ¿debía narrar su historia con los permisos de su pasado laico o con la rígida discreción de los ortodoxos? —...nunca dejamos de mantener relaciones sexuales. En los momentos más intensos de pasión, me pedía el anillo. Movía su cuerpo como nunca lo había hecho, pidiéndome el anillo. Esos días terribles, agónicos, fueron los días de nuestra mayor comunión sexual: parecíamos los dos jóvenes recién casados que nunca habíamos sido. Pero yo me quería morir: no cesaba de pedirme el anillo.

—¿No pensó en conseguir el dinero para comprar otro anillo igual?

—Ella quería ese anillo. El de Verónica. Se lo debía. ¿Cómo había podido yo hacer eso, traicionarla de esa manera? Debía darle el anillo, y no le importaba cómo lo consiguiera. Ahora viene lo peor, no sé si quiere que le siga contando. Es shabat.

—¿Por qué vuelve a tratarme de usted?

—No sé. Quizás por lo que le voy a contar. Usted sabe que las lápidas no se ponen hasta un mes después...

Mi atención se había cementado alrededor de Jacobo Weir: ¿habría llegado tan lejos?

—Primero conseguí el dinero para comprar el mismo anillo. Pedí un crédito falso, y compré el anillo. Luego, soborné a un cuidador de Tablada y viajé en nuestra nueva camioneta hasta allí, con Bety. Entré al cementerio a las doce y media de la noche, me recibió el cuidador y, delante de Bety, me dijo que ya estaba todo preparado. El cuidador no tenía idea de qué estaba hablando: yo le había indicado qué debía decir y le había dejado el fajo de billetes en la palma de la mano. Le pregunté a Bety si quería acompañarme. Me respondió que no y permaneció esperándome en la camioneta. Me tomé una hora, junto al cuidador, y regresamos transpirados y sucios. Bety me esperaba dentro de la camioneta, calma. Le entregué el anillo sucio de tierra. Lo observó, lo limpió contra la manga de su chaqueta de hilo y se lo puso en el dedo anular. Arranqué.

—¿Le dio el anillo nuevo? —pregunté como un niño tonto. Jacobo Weir postergó la respuesta, deteniendo mi interrupción con la palma de su mano.

—Un mes después, todavía no le habían puesto la lápida. Veíamos a Gerardo y a Marta. Marta, sin explicar, no me hablaba. Gerardo, conmigo, se comportaba como siempre. Pero estaba cada vez peor. Regresaron a vivir a Buenos Aires. La tragedia les hacía imposible permanecer en el hotel. Supieron, por la policía brasileña, que el visitante de Verónica había robado en dos habitaciones. No tenía nada de raro: Verónica solía juntarse con los peores malvivientes. También descubrieron que era el muchacho el que le había llevado las pastillas. La policía lo había atrapado, por los robos del hotel, y tenía un largo prontuario, incluidas dos acusaciones por homicidio. En total: la justicia brasileña pedía la exhumación del cadáver de Verónica para una nueva autopsia, y la justicia argentina, previo acuerdo de los padres, la había concedido. Gerardo y Marta querían descartar la mínima posibilidad de que Verónica hubiera sido obligada por este delincuente a tomar las pastillas o asesinada de cualquier otro modo. Incluso creí ver cierto rasgo de esperanza en Gerardo ante la posibilidad de que su hija no se hubiera suicidado.

"La desenterraron un martes, y el miércoles los forenses reconfirmaron el suicidio; al menos, que había ingerido las pastillas sin ningún signo de violencia externa. El viernes, Marta y Gerardo vinieron a casa, más destruidos aún. Por supuesto, Bety ocultaba el anillo, debajo de un rectángulo de nuestro piso de parquet. Marta estaba tan mal que olvidaba mostrarme su indiferencia. Sollozaba, rota: "Ay, aaay, la hubieran visto, mi amor, pobrecita, con su anillo, como una novia. La volvieron a sacar de la tierra y tenía su anillo. Nunca se casó, mi amor, yo soñaba verla casada, quién le regaló ese anillo, es un anillo muy valioso, alguien la quiso en este mundo, alguien la quiso...". Y se derrumbó sobre Bety. Cuando

Marta y Gerardo se fueron, sentí que Bety y yo éramos la única pareja del mundo. Nos habíamos quedado solos en el mundo, y era viernes, como hoy; comenzaba el shabat. Entonces, no celebrábamos el shabat. ¿Qué iba a hacer mi esposa? ¿Pedirme otra vez que fuera a quitarle el anillo a la muerta? ¿Preguntarme de dónde había sacado la plata para comprar ese anillo falso? Fue a la cocina, y pensé que se iba a matar con nuestro cuchillo de cortar carne. Esperé. Si se mataba, luego me mataría yo. No tenía nada que perder. Pero regresó, con un pañuelo en la cabeza, el mismo pañuelo que usted le vio hoy. Me dijo: "Dios existe. Perdí el anillo. No sé dónde está. Ahora sé dónde está. Fuimos demasiado lejos. Tenemos que regresar. Tenemos que hacer tchuvá". Y nos hicimos religiosos —dijo Jacobo Weir.

La luz se había ido nuevamente.

—¿Lo ayudo a bajar? —pregunté.

—No —respondió—. Para bajar me doy maña. Tardo pero puedo. Gracias por su ayuda.

—Gracias a usted —dije—. Shabat shalom.

—Shabat shalom —me respondió.

Esperé unos veinte minutos hasta estar seguro de que ya había entrado en su departamento, y salí a la calle en busca de un bar que estuviera sustrayendo la luz de la compañía activa y pudiera brindarme una gaseosa fría.

* * *

En Agüero y Valentín Gómez, David, el dueño del restaurante y pizzería, el burrero, había pegado con cinta scotch un letrero escrito en marcador rojo, en la vidriera de su negocio, que rezaba: "Tenemos bebidas frías". El salón tenía la claridad restante de la tarde que terminaba, pero no había luz. Me senté y pedí una coca cola.

—¿Cómo conseguís la bebida fría? —le pregunté.

—Me la mandan de Alaska —respondió con una sonrisa torcida.

El misterio de las bebidas frías de David nunca lo pude resolver. Terminé mi bebida y le pregunté:

—¿Es el fin del mundo?

—El mundo ya terminó hace rato —me contestó—. Nosotros somos los restos.

El paisano Nimrod estaba haciendo algo que yo nunca hubiera sospechado: tomaba cerveza. Eran dos sorpresas en una: una cerveza fría en ese atardecer chamuscado y Nimrod bebiendo.

—Vos no sabés nada —insistió—, vos no sabés nada.

Se refería a mis cuentos. Estaba indignado porque nada coincidía con la realidad. En la esquina de Tucumán y Junín no había, como yo describía, una hilandería, sino una casa de azulejos. En Corrientes a la altura de Pasteur nunca existió una casa con patio. Y tampoco una sinagoga oculta sobre Tucumán llegando a Uriburu.

—No todo es verdad en mis cuentos —le dije—. Pero la sinagoga sobre Tucumán existe, yo estuve allí.

—Tuviste una alucinación —me respondió—. No hay ninguna sinagoga. No sabés nada.

También me dijo que no le había gustado mi libro porque hablaba de cosas que él ya sabía, mucho mejor que yo. "Me aburrió y lo dejé", remató.

—Hablás de un tal Kessen como si fuera askenazí. Y la madre es Alepina.

—¿Alepina? ¿De los Alpes? —farfullé.

Nimrod se puso de pie y golpeó con todas sus fuerzas el culo de la botella contra la mesa. David lo miró raro. Que él mismo dilapidara su patrimonio en las carreras, era una cosa; pero otra muy distinta que un don nadie le reventara contra una de sus propias mesas un envase no retornable.

Nimrod entendió correctamente la mirada de David, y tomó asiento como si su padre lo hubiera llamado al orden. El aire asfixiaba.

—Alepinos son de Alepo. Criminal, troglodita...

David trajo una cerveza fría también para mí, y dedicó una diplomática mirada homicida a Nimrod, que bajó la voz pero no el tono de sus insultos.

—Los judíos de la ciudad de Alepo, Siria, que comparten tus calles sin que siquiera los veas...

—Mi abuela era descendiente de sirios... —intenté defenderme.

—De los Alpes, sí. Y Río de Janeiro es la capital de Argentina —gritó en voz baja Nimrod—. Falso mohel, carnicero de la verdad histórica. Te estoy hablando de los alepinos, judíos sirios, como tu propia abuela, y ni siquiera conoces su gentilicio. Sos como todos los rusos: no quieren ver el tesoro de Sefarad...

—Pero te estoy diciendo que tengo una abuela sefaradí...

—Y yo tengo un amigo judío —me espetó Nimrod—. Discriminador, enemigo de tu propio pueblo. Vos sos como los rusos que llegaban acá en el 1900: no dejaban que los sefaradíes subieran a la cima de la AMIA.

—Los últimos dos presidentes de la AMIA que recuerdo —dije— son sefaradíes.

—Cretino. Me traes al año 2000 como si no hubiera pasado el tiempo. En 1900, en 1910, en 1920, ustedes, los rusos, trataban a los sefaradíes como si fueran analfabetos, no los tomaban en cuenta. ¡Y ellos habían mantenido nuestros preceptos religiosos, nuestras tradiciones, con diez veces más rigor que todos tus periodicuchos en ídish!

—Yo ni siquiera sé ídish —repliqué.

Nimrod no me contestó. De todos modos no era un diálogo.

—Escuchá lo que decía un ruso por entonces, en el *Mundo Israelita*...

Nimrod sacó un papiro —en realidad, un papel de diario amarillento, corroído en los bordes— y leyó como si se tratara de un decreto: "Nuestros hermanos de raza de origen sefardí, tan orgullosos de su abolengo... andan paseando por el mundo no el amor al estudio, el afecto a las cosas del espíritu... han cambiado estas virtudes por la indiferencia otomana... por el materialismo de los mercaderes orientales. Encerrados en su ghetto... viven con tres siglos de atraso...".

—Pero no me lo leas como si lo hubiera escrito yo —grité como si fuera él, y exageré la nota: —Yo soy mitad sefaradí.

David alzó la cabeza extrañado. Ahora los dos me miraban como a un orate. David era sefaradí.

—Bueno, un cuarto —reconocí.

—Recién en la década del treinta comenzaron a dejarlos pasar el umbral de la comunidad organizada... Tuvieron que llegar los nazis al poder para que las cosas se ablandaran entre rusos y turcos... acá en Argentina.

— ¿No eran sirios? —lo remedé.

—Todo lo mismo —dijo sin ninguna coherencia Nimrod—. En 1933 ya había contactos entre los dirigentes de la comunidad alepina y los askenazíes de las instituciones. ¿Pero decime hasta qué año no hubo un funcionario sefaradí en la DAIA?

—No tengo idea —reconocí—. Y eso que tengo una abuela turca...

—¡Hasta 1947! ¡Hasta después de que terminó la guerra! ¡Y vos decís que sabés algo de tu barrio!

—Yo no sé nada de nada.

—Eso no hace falta que me lo digas —me acuchilló Nimrod—. Estás perdido, esfumado por tu propia ignorancia. En 1947 entró Rafael Menashe formalmente a la comisión directiva de la DAIA, como delegado de la Congregación Sefaradí.

—Si era de la Congregación sefaradí —dije—, entonces representaba más que a los alepinos...

—Toda la comunidad sefaradí —atemperó el tono Nimrod—: judíos turcos, sirios, marroquíes... Pero los alepinos eran mayoría, y Menashe era su hombre.

—Nunca conocí a un descendiente de judíos marroquíes en Argentina.

—Porque tenés la cabeza como el avestruz —retomó su saña Nimrod—, hundida en un varénike. Los marroquíes llegaron con su gente, los hermanos Teubal, a la comisión directiva del Hospital Israelita, el que entonces no habían siquiera pisado como pacientes... también después de mediados de los 40. Escuchá este testimonio que rescata la doctora Susana Brauner Rodgers, en su ensayo "La comunidad judía alepina en Buenos Aires". —Nimrod sacó ahora una libretita descuajeringada, de tapas rojas descascaradas, y buscó, perdiendo hojas en el camino, hasta dar con la frase: —"Elías Teubal era reconocido por su independencia de criterio y amor a la justicia. Tal es así que incluso podía resolver los conflictos a favor de los askenazíes".

"Lo dice el hijo, Morris. Marroquíes. Y éstos eran judíos de verdad, no como tus rusos. Con religión, con tradición, con verdadero amor por Israel. Eran sionistas desde siempre, no tuvieron que esperar a que llegara Marx para decidir su "liberación nacional". Decime un solo grupo sefaradí no sionista... Como ustedes tenían el Bund, en pleno Once...

—¿Pero yo que tengo que ver con el Bund?

—Son todos iguales. Escritores, no sionistas, comunistas...

—Yo soy distinto.

Nimrod me escudriñó como buscando la verdad última de mis palabras.

—Sí, vos sos distinto: ni siquiera sabés hacer negocios. Ellos llegaron sin nada. Crecieron en el Once respetando el shabat. Vendían telas por las calles, no tenían un Lord Rothschild o un Barón Hirsch que los mandara a hacerse los gauchos a Entre Ríos. Ni negocio tenían, nadie que los recibiera. Por la calle, vendían...

—¿Ahora te la vas a agarrar con los gauchos judíos, también?

—No, claro... El Moisés Fierro... ¿Pero qué dejaron tus gauchos? Un museo en Moises Ville. Los judíos turcos, sirios, marroquíes, llegaron sin nada, sin la menor ayuda: hoy llenan las sinagogas de tu Once, tienen los negocios más prósperos... ¿Qué sería sin ellos de todas las calles sobre las cuales mentís?

—Nada —dije—. El Once no puede prescindir de nada.

—Se llaman Salem, Babor, Harari, Tussie, Turek, Benadiva, Jamui... ¿los conocés?

—A todos. Uno por uno.

—¿Y a los que cita la doctora Rodgers?* Los Btesh, Matalon, Cattan, Heffesse, Aboud, Abiad, Tawil, Tussie, Harari Nahem, Ini, Cotton, Djuejati...

—A Tussie ya te dije que lo conozco. Fue compañero mío en la escuela primaria...

—¿En el Hertzl?

—No, en la escuela estatal, el Pueyrredón.

—Ya ves, apóstata. También a ellos se los fue comiendo el paganismo.

Nimrod no perdonaba a nadie. Se le había subido su única cerveza a la cabeza. Yo no alcanzaba a adivinar si él era sefaradí o askenazí; ni siquiera si era judío, al fin y al cabo.

—Sus rabinos hicieron todo lo posible por mantenerlos en la senda de Israel. ¡Sus rabinos! El ortodoxo Itzjak Chehebar, el gran Rabino Shaul Sittehon Dabbah, que condujo a los alepinos del Once desde 1912, cuando ustedes ya ni leían los libros de rezos en el templo. Pero ahora...

Nimrod, extemporáneamente, y por primera vez, asumió el silencio.

La noche se había cerrado sobre nosotros; por suerte las estrelllas no dependían de ninguna compañía eléctrica. Ya las apagaría Dios cuando le diera la gana.

Nimrod pareció escuchar mis pensamientos.

—Pero ahora... —Volvió a interrumpirse. —Bueno, es verdad, la mayoría de los ortodoxos del Once son sefaradíes. Es verdad. Son ellos los que mejor mantienen las relaciones correctas entre mujer y varón, la mujer cami-

* Brauner Rodgers, Susana, "La comunidad judía alepina en Buenos Aires: de la ortodoxia religiosa a la apertura y de la apertura a la ortodoxia religiosa (1930-1953)", en EIAL (Estudios Interdisciplinarios de América Latina y el Caribe), volumen 11, nº 1, enero-junio 2000, Universidad Nacional del Centro de Estudios Interdisciplinarios de Asia y África, UBA. Todos los datos de este apartado provienen de esta monografía.

nando detrás, la discreción en el vestir... Pero ahora... ¿cuántos quedan? ¿Cuántos han quedado de aquellos que no podían salir a la calle sin agradecer primero al Señor? Ahora son compañeros tuyos en la primaria, venden comida no kosher... como éste (me susurró en voz baja, señalando con los ojos a David)... parecen rusos. ¿Y la luz, cuándo vuelve?

—Cuando vuelvan los grandes rabinos —dije.

Nimrod hizo un gesto negativo con la cabeza, pero no quedó claro si me estaba impugnando o sumiéndose nuevamente en pensamientos que no compartía conmigo.

—Nunca se fueron —me dijo por fin—. Siempre hay luz en algún lado. Pero somos como las moscas: o nos achicharramos de tanto que nos acercamos, o la perdemos para siempre.

XI

Lugares donde vivieron

El teatro judío

Para muchas corrientes inmigratorias del siglo XX —los italianos en Norteamérica, por ejemplo—, el teatro resultaba una escuela pública y entretenida. Especialmente para los judíos que no habían podido hacer el secundario en Polonia y Rusia, corridos por las restricciones, los pogroms y la pobreza a secas. En Argentina, bajaban del barco y tenían que ir a trabajar; aprendían a hablar el castellano leyendo los carteles de las calles. El teatro hablado en ídish era un punto de descanso, un refugio idiomático, y también un proveedor de cultura y conocimientos.

Los dos teatros más importantes, que funcionaban como tales diez meses al año y en el verano pasaban películas (también en ídish), eran el Excelsior, que quedaba sobre Corrientes, justo frente al Abasto, y el Soleil, a una cuadra del Excelsior, entre Jean Jaurés y Ecuador. Durante varias décadas se representaron, sólo en ídish, obras de clásicos contemporáneos, como Abraham Goldfaden o Sholem Aleijem. Allí podían verse las clásicas historias de amor y obras de temática judía: los temas eran el desarraigo permanente —no existía un país donde el ídish fuera idioma oficial, ni cuya religión mayoritaria fuera la judía—, el alejamiento de los hijos de las tradiciones de los padres, el choque de los judíos de Europa oriental con las novedades de Norteamérica y el mundo occidental desarrollado; pero también los aparecidos y las supersticiones.

Además de un lugar de encuentro cultural e ideológico, el teatro era un evento social. Los padres se vestían y vestían de fiesta a sus hijos cada vez que concurrían a ver una obra, a la que llegaban dos horas antes para conseguir una buena ubicación y charlar con los contertulios. Los más acomodados, en lugar de esperar las dos horas de pie conversando en la antesala, podían darse el lujo de hacerlo sentados en alguno de los muchos bares que rodeaban las salas.

"Para mí, el teatro judío... era salir... salir de casa", dice Moshe Korin, un erudito de la cultura ídish y actual Secretario de Cultura de AMIA, que era un niño, un adolescente y también fue un joven cuando estos teatros brillaban. "Vos pensá que yo vengo de una casa donde eran proletarios. Obreros. Mi padre y mi madre habían llegado de Ucrania en 1923. Se conocieron acá, pero los dos venían de Ucrania. Mi papá trabajaba dieciséis horas por día, en casa. Mi mamá también. Mi papá era sastre. Vivíamos en un departamento de dos piezas: en una pieza, mi papá tenía el tallercito, con una, dos máquinas; después, cuando progresó, fueron tres máquinas. En una pieza teníamos el taller, y en la otra pieza dormíamos mi mamá, mi papá, mi hermana y yo. Y una cocinita de madera y un baño en el patio común. Los únicos feriados que tenía mi papá eran los domingos a la tarde. Entonces hacía la siesta, y después nos bañábamos todos: en verano en la ducha; en invierno con tachos, dentro de la casa, porque hacía mucho frío. Nos vestíamos con la mejor ropa e íbamos al teatro. Los chicos entrábamos siempre gratis: si había lugar, sentados. Y si no, parados. Nos parábamos junto al foso del teatro, donde estaba la orquesta. Escuchábamos todas las canciones. A veces no entendíamos, o nos asustábamos con frases que debían darnos risa. Nuestros padres, si estaban mejor, compraban platea; y si no, iban a arriba, al gallinero.

"Si habían tenido una buena quincena, tomábamos una naranja Biltz. O comíamos un beigalej de queso en El Comercial, con un té. Siempre recuerdo que tomábamos té, no café. … El Excelsior y el Soleil eran salas más económicas que las de Corrientes del otro lado de Callao."

Por su parte, el Idish Folks Teater (Teatro Popular Judío) nació como grupo a principios de la década del treinta, dirigido por David Lijt. Por llamarlo de algún modo, fue la escuela "del método progresista": Brecht en textos y técnicas de dirección; Peretz, o H. Leivik, el autor de *Keidnt* (Cadenas), en las obras judías de avanzada o "proletarias"; luego Arthur Miller. Pero muchos más: Aibinder, Galitnicoff, entre otros. Los miembros del IFT estaban vinculados al Partido Comunista, ya fuera como militantes o como compañeros de ruta.

El IFT comenzó su carrera sin sala fija. El grupo solía actuar en la sala del Nuevo Teatro, sobre Corrientes entre Uriburu y Junín, fundado por Alejandra Boero y Pedro Asquini. Del grupo y la sala de Nuevo Teatro salieron actores y directores como Héctor Alterio, Enrique Pinti y Onofre Lovero.

En 1951 los integrantes del Idish Folk Teater inauguraron su sala central, un extenso edificio de dos pisos, de color ocre, sobre Boulogne Sur Mer, entre Corrientes y Lavalle, que ha permanecido hasta el día de hoy como teatro IFT.

Hacia 1957, con la puesta en escena de *El diario de Ana Frank*, dirigida por Oscar Fessler, el IFT impulsa por primera vez la representación de obras de temática judía en castellano. El repertorio se ampliaría hasta alcanzar a la mayoría de los autores consonantes con el progresismo. En el IFT —en el grupo y en la sala— se formó una camada de actores que todavía sigue protagonizando obras y películas, entre los que podemos contar a Cipe Lincovsky y Max Berliner, y directores y escenógrafos como Jaime Kogan y Lía Jelín.

En 1951, cuando se construyó lo que sería la sala del IFT, en Bolougne Sur Mer 549, todavía los judíos de izquierda y los judíos a secas compartían las mismas instituciones y colaboraban en conjunto, en lo que podían, para apoyar al naciente Estado judío.

La creación de Israel, como dijimos, fue apoyada por todos, laicos y religiosos, marxistas y comerciantes sin utopías. Pero aunque el gran cisma llegaría en 1967, ya desde el '52, cuando se produjo el trágicamente célebre asesinato de los escritores judíos en la URSS, comienzan a verse las grietas.

Los icufistas (integrantes del ICUF: *Idisher Cultur Farband* o Federación de Entidades Culturales Judías de la Argentina, al cual el IFT quedaría adherido) no querían reconocer que en la tierra de sus utopías —que para la mayoría de los judíos no era otra cosa que el infierno stalinista— se reproducía el antisemitismo del mismo modo que en los tiempos del Zar, y ya no sólo fogoneado por el Estado, sino directamente ejecutado por el poder soviético. David Lijt, el propio fundador, abandonó el IFT y el ICUF, con una decena de actores, contra el seguimiento acrítico de estas dos instituciones hacia la URSS.

Y en cuanto a los espectadores, aunque tal vez las ideologías llevaran a algunos al IFT y a otros al Excelsior y al Soleil, a la salida se reunían en los mismos bares. ¿Para qué se detendrían a tomar café si no para discutir?

RESTAURANTES, COMIDAS Y CAFÉS

Restaurante judío Internacional

Fundado por León Paley en 1920, en Corrientes 2317, fue el más célebre de los bares y restaurantes del Once, entre la década del veinte y fines de los cincuenta —además de restaurante podemos llamarlo bar, en el sentido de lugar de encuentro además de gastronómico—. Era el palacio de la bohemia judeoargentina y la corte de los artistas y periodistas. Cuando Alberto Gerchunoff salía de la redacción de *La Nación*, elegía esta parada para comer guefilte fish.

La escritora Tamara Kamenszain —nacida en Buenos Aires en 1947, autora de los poemarios *De este lado del Mediterráneo* (1973), *Los no* (1977), *La casa grande* (1986), *Vida* *de living* (1991) y *Tango Bar* (1998), entre otros trabajos de ficción y ensayos— recogía este testimonio de Mario Paley, hijo de León, en una nota sobre los barrios judíos publicada en *Plural*, la revista de la Sociedad Hebraica Argentina",* en 1979: "Mi padre era un judío llegado de Odessa que empezó siendo mueblero ebanista y se pasó poco a poco al mundo de la gastronomía, que siempre le había gustado. En 1920 fundó el Internacional frente al *Idische Zeitung* (el diario ídish principal competidor del *Di Presse*), en la época en que lo dirigía Matías Stoliar. Inmediatamente el restaurante se pobló de intelectuales, literatos, artistas y periodistas que se quedaban hasta la madrugada. Llegaban a veces después del teatro y se armaban largas mesas. Yo era chico y recuerdo a figuras como Gerchunoff, Samuel Eichelbaum, Berta y Paulina Singerman, Botana, Conrado Nalé Roxlo, Manuel Sofovich, Guibourg, Blackie y Amelia Bence, entre otros. Me acuerdo de haberle llevado al doctor Satanowsky el yogur que preparaba mi madre". (Sí, es el mismo de *El caso Satanowsky* de Rodolfo Walsh, el prominente abogado y escribano asesinado en su despacho en 1957 por una banda paramilitar, mientras lidiaba judicialmente por la propiedad del diario *La Razón*.)

"Ella cocinaba maravillosamente", sigue Paley refiriéndose a su madre, "y fue la que les enseñó a los cocineros que tuvimos después. Sabía hacer el pescado a la verdadera manera judía, es decir picante y no dulzón como se estila ahora. Hay gente que de tan exagerada hasta me pide azúcar para ponerle al jrein. Ésa no es la verdadera cocina judía como creen erróneamente algunos".

"Hacia el '34 papá introdujo también el varieté dentro del restaurante", continúa Paley hijo en la nota de Kamenszain. "Trajo actores y músicos. Hubo números de balalaika, cosacos rusos, cantantes hebreos, etc., y la gente los veía actuar mientras cenaban o comía un strudel. Las mesas se levantaban a la madrugada. En septiembre del '45

* Kamenszain, Tamara, "Los barrios judíos", *Plural*, N° 21, octubre de 1979.

nos desalojaron y cerramos. Y hasta el '63, que volvimos a reabrir en el local que tenemos ahora, estuvimos trabajando en distintas cosas. Fuimos con varieté a Villa Crespo, pero no resultó. No me gustaba el elemento. La mejor gente de Villa Crespo venía al Once, los que quedaban en el barrio no tenían poder adquisitivo y eran gente con poco refinamiento.

"Las cosas ahora cambiaron mucho. Ya no es esa clientela exclusiva de entonces ni hay tanta vida judía en el barrio. Recuerdo que en el primer Internacional, cuando había elecciones en la AMIA, la gente de las diversas listas se reunía en nuestro sótano. Además, cuando querían hacer proselitismo, invitaban a una cantidad de personas dándoles vales para que comieran gratis en nuestro restaurante. Con eso creían asegurarse que esa gente votaría por su lista. Hoy sigue habiendo una clientela fija pero ya no es lo mismo. Ya no se come comida exclusivamente judía sino que el menú es más como el nombre del restaurante: internacional. Nuestra comida nunca fue kosher y nunca mentí a los clientes en ese sentido."

Hasta los primeros años de la década del setenta, yo todavía podía concurrir al restaurante de comida ídish, sobre la calle Sarmiento, entre Paso y Larrea. Nos llevaba mi abuelo Léivale. Podíamos comer hígado picado con cebolla, farfalej, arenque, kréplaj... Pero un día pasé y ya no estaba. Sólo han quedado las rotiserías de comida sefaradí. A los verdaderos restaurantes de comidas askenazíes parece haberselos llevado el viento del olvido.

El escritor y poeta Eliahu Toker, nacido en Buenos Aires en 1934, autor, entre muchos otros libros, de los poemarios *Lejaim* y *Papá, Mamá y otras ciudades*, evoca así los olores y colores de una de las rotiserías "rusas" que ya no existen, como la Brusilovsky, de Junín y Corrientes: "Grandes barriles con pepinos en salmuera, con chucrut, arenques y aceitunas verdes y negras. Aquí reinan los úlikes, el wursht, el pan negro cortado en grandes rebanadas, el pan Goldstein, los pletzalaj, el pastrom, el arenque marinado, en una palabra, todos los olores y sabores de mi barrio, de mi aldea".*

Los cafés

La fachada de esta verdadera superpoblación de bares —¿¡cómo podía haber tantos bares y teatros en tan pocas cuadras!?—, eran La Moneda y El Paulista, ambos en Corrientes y Pueyrredón, poblados por judíos.

El Paulista contaba con una sección para damas. Un biombo separaba las parejas de las familias: si uno iba a solas con una dama sin poder justificar evidentemente su estado civil, ocupaba mesa de un lado del biombo; matrimonios conocidos o con hijos, del otro. En diagonal estaba La Moneda, menos exigente.

Por Corrientes, antes de llegar a Paso, asomaba otro centro mítico: el bar León (no confundir con el León Paley). Allí despuntaba el vicio, se jugaba por plata a la generala, al billar, a las cartas y al dominó, ese juego que puede parecer hasta aburrido de tan pacífico, pero que es falible de volverse feroz si hay dinero de por medio. La concurrencia oscilaba entre bohemios que buscaban un negocio —escritores en busca de editores, por ejemplo— o comerciantes que buscaban algo de bohemia. Y se escuchaban charlas de negocios que no podían hablarse en los locales; si algo no podía decirse en voz alta, el mejor lugar de la zona para decirlo era el bar León.

Por la vereda de los números pares, por Corrientes entre Pueyrredón y Junín, había un bar pegado al otro, como hoy vemos a los negocios textiles. El Comercial, el Cristal, el Castelli Bar, el Tel Aviv... La mayoría de ellos, como si los teatros no fueran suficientes, ofrecían espectáculos. En el Tel Aviv, por ejemplo, una noche, entre copas, los concurrentes veían aparecer sobre el escenario a un actor llegado desde la más bohemia rivera parisina, Def Kash, que escri-

* *El imaginario judío en la literatura de América Latina. Visión y realidad*, Buenos Aires, Shalom, 1990.

bía en ídish, cantaba, monologaba y hasta bailaba en ídish. Creo que si alguien no pronunciaba la "sh" a la entrada, no lo dejaban pasar.

El cabaret judío de Def Kash consistía en textos y canciones que llevaban a los espectadores por los shtetls* antes de la Shoá, por los mismos shtetls después de la derrota del nazismo, y finalmente concluía en un canto a la Independencia de Israel. Aunque parezca inverosímil, Def Kash se las arreglaba para hacer humor con estos temas: a lo largo de la obra, lo que campeaba era el doble sentido más que las palabras procaces.

Más tarde abrió el Pinatí ("mi rincón", en hebreo), sobre Corrientes, entre Pueyrredón y Castelli, un lugar en el que se podía desayunar, almorzar y tomar el té de la merienda. También allí se encontraban los escritores y artistas, los que escribían las obras y los que las actuaban.

Sentadas en las primeras mesas, junto a la puerta, se destacaba la presencia marchita de las ex madamas ya desprendidas de la Migdal. Solían enumerar con pena la cantidad de amigas que habían ido a parar al asilo israelita de ancianos de Burzaco. A fines de la década del cincuenta (y a fines de sus sesenta años) todo lo que les quedaba de su vida pequera era un exceso de maquillaje.

Otra mesa la ocupaban los antiguos actores del IFT liderados por David Lijt, después de abandonar el ICUF, visitados en el bar por los redactores del *Di Presse* y el *Idische Zeitung*: Botoshansky, Zitznizki, Janazowicz...

En los años setenta, en diagonal a la sala del IFT, estaba abierto el café León Paley, fundado por Mario, en honor a su padre, en Bolougne Sur Mer y Corrientes, donde se refugió la bohemia ídish que, lentamente, comenzaba a mermar. Este "León Paley" le dio el nombre a la esquina

* *Shtetl*. Pueblito o aldea judía de Europa Central y del Este. Estaban instalados dentro de pueblos o aldeas más grandes —habitados por gentiles con los que intercambiaban comercialmente—, en terrenos pertenecientes a terratenientes de la nobleza.

y tuvo sus dos décadas de fama —también trató de ser café concert los sábados, aunque sin mucha suerte—, pero se acabó en los noventa: cambió de dueño y de sexo. Hoy se llama Belén.

Los demás cafés y bares que eran reguero en el Once ni siquiera pudieron cambiar: ninguno de ellos existe.

Lablinsky

Cierta tarde —esto me lo contó una amiga de mi abuela en el Belén, algunos meses después de que mi abuela falleciera— cayó por el café Pinatí un hombre que había muerto.

—¿Como que había muerto? —le pregunté a Rosa, la amiga de mi abuela cuando me contaba la historia en el bar Belén.

—Sí, un muerto. Un resucitado.

—No había muerto, entonces.

—Había muerto —insistió Rosa.

—¿Cómo murió?

—Se le cayó encima una mampostería.

—¿Qué mampostería?

—Era actor. Actuaba en el teatro El Ombú.

—¿Qué teatro El Ombú?

—Un teatro judío.

—¿No eran el Excelsior, el Soleil, el IFT?

—El Ombú también.

—¿Dónde quedaba?

—En la calle Ombú.

No se lo dije, pero pensé que desvariaba. También mi abuela había desvariado antes de morir. Se habían criado juntas en un orfanato. Les prohibían beber agua por la tarde. La directora les pegaba por anticipado, para cuando se portaran mal. Rosa pareció leer mis pensamientos:

—Pasteur, la calle Pasteur, antes se llamaba Ombú.

La miré como si tratara de venderme una rifa. Yo jamás compro rifas. Pero Rosa decía la verdad. Pasteur, en las primeras décadas del siglo XX, se había llamado Ombú. Me lo confirmó Itzik Lablinsky, un viejo actor del teatro ídish, siempre pálido, al que le calculaba entre ochenta y ciento veinte años y, hasta donde sabía, nadie más que yo conocía.

Había hablado por primera vez con él en el asilo de ancianos de Burzaco, durante una nota para el programa de TV "El otro lado". Años más tarde, comencé a verlo en el bar Belén. Mi presunción era que había escapado del geriátrico.

A veces cruzábamos miradas, y otras nos dejábamos en paz. Lo veía leyendo textos en ídish, o conversando con amigos, siempre de su edad indeterminada. Sospecho que dormía en la calle. Sus trazas eran las de un mendigo.

Podíamos mirarnos sin dirigirnos la palabra, o apenas saludarnos, pero había una combinación que invariablemente nos juntaba: si yo cruzaba mirada con él y después me pedía un café con leche, se venía a mi mesa. Si no cruzábamos mirada, no venía por más que pidiera un café con leche. Si cruzábamos mirada y me pedía una tónica o un té, tampoco. Pero si nos veíamos y me pedía un café con leche, era como si lo convocara. Se levantaba, dejaba su texto cerrado en su propia mesa, o se despedía de sus amigos, y tomaba asiento frente a mí. Por supuesto, yo pedía otro café con leche para él.

Así fue desgranando su historia. Según sus palabras, era el creador de un género que no puedo asegurar: el teatro ídish de terror. Es cierto que en la literatura ídish existían los demonios y los aparecidos, pero en esas historias había más mística y superstición que terror.

Lablinsky se jactaba de ser el Drácula semita y de haber interpretado obras de su autoría, unipersonales, en las que las casas se comían a sus dueños, el agua de los pozos de los shtetls se envenenaba a sí misma y el viento confundía los pensamientos de los hombres hasta convertirlos en asesinos.

De entre sus personajes, rescataba los monólogos recitados interpretando a Lublia, el vampiro judío, un vampiro que sentía culpa pero, no obstante, había llegado a morder el cuello de su propio hermano biológico. Se lamentaba de que como durante siglos los antisemitas habían usado la figura difamatoria del chupasangre judío, su personaje no había caído bien en los medios comunitarios.

En su momento Lablinsky había recurrido, para defenderse de la reprobación generalizada, a la Asociación de Actores Israelitas "Iaacov Ben Amí". Esta institución, fundada en los años treinta, con el teatro ídish en su apogeo, había cobijado un fuerte sindicato dramático, capaz de parar una sala si las condiciones acordadas no se cumplían. Pero Lablinsky no se extendía acerca de si sus pedidos habían recibido respuesta.

En medio de sus quejas, de pronto se jactaba: "Allí, en medio de la sede de la Iaacov Ben Ami, en Jean Jaures al 700, entre Lavalle y Tucumán, también velábamos a los colegas. Y era tanto el respeto que me tenían, que si de casualidad yo aparecía, el muerto se levantaba para saludarme y luego volvía al cajón". Se reía con un solo "ja", y de inmediato retornaba a su expresión grisácea y resentida: "Me desaprovecharon", bufaba.

No inclinaba sus improbables argumentos hacia el humor, sino al terror. Lablinsky había sobrevivido a los stalinistas primero y a los nazis después —a diferencia de la mayoría de los judíos, que escapaban de Europa, se embarcó en un viaje relámpago a Polonia en 1939, y logró regresar a la Argentina escapando por un pelo—, pero sus historias de terror no tenían como protagonistas a ninguno de estos malvados reales, sino a las entidades paranormales y seres inhumanos de su imaginación.

Nunca leí, ni mucho menos vi representadas, sus supuestas obras (de hacerle caso, sumaban unas trescientas páginas). Pero una vez se sacó la dentadura postiza y con dos pedazos de sobrecitos de azucar improvisó un par de colmillos: entre la palidez y su sonrisa de las tinieblas, realmente me asustó.

Lablinsky había llegado a la Argentina en 1922, solo, cuando era niño, pero no recordaba exactamente la edad. Su primera parada había sido el Hotel Estatal de Inmigrantes, ubicado en lo que hoy conocemos como Puerto Madero.

—En ese hotel no había chinches —me dijo Lablinsky en un castellano que parecía ídish—, porque las chinches buscaban hoteles mejores. Creo que en la calle hacía menos frío que adentro. Pero siempre procuré mantener la compostura: prefiero dormir en el frío de un hotel, antes que al reparo de la calle. Lo había creado el gobierno argentino en 1898, y era gratis. Pero yo pensé que debían pagarnos algo por quedarnos allí. Apenas si era un niño, y los paisanos me pedían que me callara. De todos modos, ¿cuánto me podían haber pagado? Había cuchetas de tres camas y yo tenía terror de que el de arriba desfondara la suya y se me cayera encima. Te tenían allí hasta que encontraras por donde salir, pero ya bastante difícil era quedarse. A la semana todo el mundo había abandonado el hotel. Yo también.

—¿Y adónde se fue? —pregunté.

Lablinsky, como hacía habitualmente, siguió hablando sin contestar mi pregunta:

—Para comer me llevaban a los Comedores Populares Israelitas. ¿O no? ¿Ya se habían fundado?

—Se fundaron en 1922 —dije—. Sí, ya se habían fundado.

Yo lo sabía porque en la actual sede de los comedores, sobre Valentín Gomez, entre Ecuador y Bolougne Sur Mer, ahora funcionaba también Radio Jai, la primera radio judía de Latinoamérica, abierta en 1992. Me habían invitado un par de veces, y tuve ocasión de ver a ancianos, adultos y niños haciendo una fila para recibir almuerzos y cenas gratuitas. El director de la radio, Miki Steuerman, me mostró el cartel de cobre que recordaba la fundación de los Comedores Populares Israelitas en 1922*. Los Co-

* Los Comedores se inauguraron en Riobamba 388, en 1922; y en 1947 se mudaron a su actual sede, en Valentín Gómez 2950.

medores continuaban trabajando como cuando recibieron a los primeros inmigrantes: primero para recibir a los que llegaban de Europa; ahora para recibir a los que se habían caído de la clase media, o a los chicos de la calle.

—La gente iba porque había comida kosher —rememoraba Lablinsky—. Yo iba porque había comida. Para mí toda la comida es sagrada, excepto el budín de pan.

—¿Por qué no el budín de pan? —me sorprendí.

—No me gusta. ¿Cómo decía Golda Meir? "También como kosher." Pero yo recuerdo hombres grandes que no probaron bocado hasta que no los llevaron a los Comedores Populares… y les garantizaron que a las vacas las habían matado con los cuchillos rituales y que no mezclaban la leche con la carne.

—¿Pero ya había *shochets** en 1922? —pregunté con cierta incredulidad.

Lablinsky se encogió de hombros.

—Las vacas muertas no hablan —dijo—. Pero no mezclaban la leche con la carne. Y podías estar seguro de que no te darían cerdo ni peces prohibidos. Tampoco peces permitidos, que yo recuerde, salvo en días de fiesta. El día que las vacas hablen se terminará el kashrut. Ellas dirán: "No nos importa que nos maten con sus métodos incruentos o indoloros. La verdad es que no queremos que nos maten. Ninguna carne muerta es kosher".

—Eso no es lo que dice la Torá —advertí.

—Pero los Comedores Populares Israelitas fueron una buena cosa. Son una buena cosa. Les dan de comer a chicos como yo, hoy.

Fue su única reflexión no cínica; de pronto, sus ojos parecieron los de un niño. Tal vez los niños que llegan solos a países lejanos nunca crecen. Como si le diera vergüenza o miedo, volvía rápidamente a recordar anécdotas de su vida en el asilo de ancianos.

* Matarife ritual judío.

Lablinsky decía haber conocido en el asilo de Burzaco a una mujer de ochenta años embarazada. Embarazada sin cópula. "Cada tanto ocurre", me dijo. "Puede haber ocurrido hace dos mil años, como sugieren los cristianos. Y puede volver a ocurrir. Tal vez ocurra cada cierta cantidad de millares de años. ¿Por qué no?" Porfiaba que aquel suceso lo había decidido a abandonar el asilo de Burzaco, pero nunca terminó de explicarme la relación entre los dos hechos: la anciana embarazada y su partida.

La tarde en que me contó la historia de la anciana embarazada, lo refrendaba permanentemente un paisano sentado a su lado. El paisano le pasaba datos, fechas, nombres, todo en ídish. El hombre parecía incluso más viejo que Lablinsky, pero llevaba mejor los años. Como yo nunca supe el ídish, y mis abuelos lo hablaban, me sentía especialmente honrado por poder escuchar aquel idioma, traducido *in situ* por Lablinsky. El desconocido, que sabía al dedillo la historia de la anciana embarazada, apuntaba cada palabra con un dato indudable y cada silencio con un aforismo en ídish: "Si vas a hacer algo malo, disfrútalo", "Un pequeño corazón puede contener al mundo entero", "El amor es dulce, pero sabe mejor con pan", "Media verdad es una mentira entera", "No hay nada más pesado que un bolsillo vacío".

Un actor de alrededor de sesenta años, con unos mostachos entrecanos impactantes, cuyo interés esencial al acercarse a mi mesa era que le escribiera unas líneas en las que pudiera interpretar a Albert Einstein y, una escena más tarde, a David Ben Gurión, me reveló que en realidad el paisano de Lablinsky era un orate, que no hablaba ídish sino un idioma impostado e inexistente, y que todos los datos y fechas, nombres y aforismos, no eran sino invención o recopilación de Lablinsky, que no me había traducido nada ni sabía traducir del ídish al castellano.

—Puede hablar perfecto ídish, y más o menos el castellano —me dijo el actor de los mostachos—. Pero no puede traducir del ídish al castellano ni viceversa. Es como si viviera en dos mundos que no se tocan. ¿Podés creerlo?

—Ya ves, yo puedo creer cualquier cosa —reconocí.

Ahora, mientras escuchaba a Rosa en el café Belén, hablándome del regreso del muerto, Lablinsky se materializó en mi mesa como una aparición. Ni habíamos cruzado mirada, ni me había pedido el café con leche; de modo que intuí que esta vez era un enviado de la Providencia para confirmar que los dichos de Rosa eran verdad, que Pasteur se había llamado Ombú, y que en la década del treinta, en lo que hoy es el edificio de la AMIA, había un teatro llamado El Ombú.

(Lo de enviado de la Providencia me recordaba el asunto entre An Ski, el dramaturgo ídish, y Stanislavsky: el creador del método le había dicho a Ski que en su obra, *El Dybuk*, faltaba una presencia supraterrenal. Gracias al pedido, Ski había creado uno de los caracteres más recordables de su drama: el Emisario. Pero en cuanto regresó a Stanislavsky con la obra terminada, éste se hallaba bastante enfermo y derivó la dirección a su alumno predilecto, Eugeni Vagtangov. Lablinsky podía ser perfectamente un personaje que hubiera quedado, luego de creado, sin director.)

—Es cierto —dijo Lablinsky, en su salsa—. El actor muerto se apareció por el Pinatí.

—¿Y qué mampostería se le había caído encima? —pregunté.

—Un decorado: el mural de la escenografía de una obra.

—¿Pero era mampostería o era un decorado? —insistí—. No es lo mismo: una cosa es tela, y otra…

Lablinsky me interrumpió, haciéndome saber que mis intentos de precisar no tenían la menor importancia.

—No sé si era una obra de Sholem Aleijem, de Sholem Asch o de Gershon Sholem —abundó Lablinsky; Rosa lo miraba asintiendo—. Pero sí me acuerdo muy bien que era la pintura de una estepa rusa. Se le cayó una estepa rusa encima, y lo mató.

—Le quedó la cara destrozada —agregó Rosa.

—Pero cuando volvió, volvió con la cara perfecta —recordó Lablinsky.

Rosa asintió nuevamente y pedí el café con leche para Lablinsky, pero Lablinsky hizo que no con la mano.

—Porque los muertos, cuando vuelven —siguió Lablinsky—, vuelven mejorados.

El mozo no había hecho caso de la negativa de Lablinsky, y cuando regresó con el café con leche, se lo tomó Rosa.

—¿Por qué lo dejaron volver? —pregunté.

Los dos ancianos me miraron demudados. Yo no quería aclarar mi pregunta: "quién" lo había dejado volver; quería ver qué me decían.

—Lo dejaron volver por amor —dijo Rosa—. Era una de las caras más exquisitas del teatro, muerto en la flor de la edad. Había dejado una esposa embarazada. Se había pasado la década del veinte visitando prostíbulos y amantes. Cuando por fin sentó cabeza, por el treinta, cuando clausuraron la Zwi Migdal, y se transformó en un marido de verdad, paf, se le cayó la mampostería en la cabeza y lo mató. Entonces, lo dejaron volver. Por amor.

—¿Y volvió al Pinati?

—Pinatí, con acento —me apostrofó Rosa.

Lablinsky miró con envidia el café con leche de Rosa, e hizo que sí con la cabeza. ¿Por qué no se había pedido el suyo?

—Ése fue el problema —dijo Lablinsky.

—¿Cuál?

—Que volvió al Pinatí. Más de veinte años después, volvió al Pinatí: en el Once — contestó Rosa.

—La esposa —dijo Lablinsky— vivía en Villa Crespo.

—¿O en Floresta? —preguntó Rosa.

Lablinsky se encogió de hombros.

—En Once, no —cerró.

—No entiendo —dije.

Rosa dejó explicar a Lablinsky. Lo que me iba a contar no era para ser dicho por una mujer.

—No volvió a ver a la esposa. Volvió a ver a una amante. Ni siquiera se acercó a la esposa, ni al hijo ya hecho un hombre. Volvió directo al Once a ver a una cualquiera. Algunos dicen que a una puta. A ésa amaba.

—¿Y entonces? —pregunté.

—El escándalo no fue que hubiese vuelto un muerto. ¿Por qué no? —remedó Rosa a Lablinsky—. Lo que se murmuraba, lo que realmente sacó de sus casillas a todos, fue que hubiera vuelto de la muerte y en vez de ir corriendo a ver a la esposa, se hubiera venido para el Once a ver a la amante. Le quitaron el permiso.

"¿Quién, cómo?", quería preguntar. Pero los ancianos habían sabido hacer un silencio respetuoso cuando quise entreverarlos con explicaciones acerca de las altas esferas, y ahora era mi tiempo de aceptar y callar.

Lablinsky retomó:

—No podía volver al Más Allá, ni tampoco gozar de una nueva vida. Lo dejaron como un aparecido, como un fantasma: sin edad, sin dientes, con una cara siempre pálida, vagando por los bares del Once. Sin hogar, sin mujer, sin presencia. Como un personaje sin director.

Rosa se levantó para irse. Lablinsky para volver a su mesa. Alzó una mano y llamó al mozo. Yo pensé que iba a ocurrir lo imposible: pagaría la cuenta. Pero simplemente pidió que le llevaran un café con leche a su mesa.

Una librería

Sobre la avenida Corrientes, entre Ecuador y Bolougne Sur Mer, resiste la librería Sigal. Fue fundada por don Simón Sigal en 1926, a la vuelta de lo que luego sería la casa de mi madre, sobre Lavalle, en esquina con Uriburu.

Es una librería judaica, es decir, que incluye libros tanto religiosos como seculares de temática judía. Es el sitio de Buenos Aires donde más libros de Bashevis Singer se pueden encontrar, igual que incunables del premio Nobel Saul Bellow y del premio Pulitzer Philip Roth. De España y de otros países de habla hispana traen títulos que de otro modo no llegarían al Once. Guardan ejemplares fuera de circulación de textos ignotos de autores famosos.

Los Sigal —nietos de Simón, hijos de Abraham— editan también, con su propio sello, libros religiosos. La Biblia verde al final del primer estante de mi biblioteca es de los Sigal. Y la Biblia para niños que leí y releo cada vez que busco con urgencia un suceso del Pentateuco, fue editada también por los Sigal.

Los conocí cuando todavía vendían en Lavalle, enfrente de la librería de la competencia: Milberg. Ambas librerías exponían en sus vitrinas, además de lo último de Bernard Malamud o Ephraim Kishón, o las memorias del primer ministro Beguin, artículos religiosos tales como las kipot (plural de kipá), las mezuzot, los talit o las filacterias. Allí los niños de doce años compraban los implementos que utilizarían en su bar mitzvá. Vendían las "ketubá" (el contrato matrimonial judío, originalmente escrito en arameo) que el novio debe entregarle a la novia (tal vez sea porque está en arameo que los esposos nunca terminan de entenderse).

Don Abraham vivía al fondo de la propia librería: como los sastres que llegaban al Once en el 1900, con su casa al fondo del taller, don Abraham y su familia vivían al fondo del negocio. Lo mismo hicieron cuando se mudaron a la avenida Corrientes.

Don Simón había llegado a la Argentina desde la tierra de Israel, específicamente desde Safed, una ciudad en el norte del actual Estado de Israel. De los múltiples protagonistas de este libro —entrevistados o mencionados—, don Simón es el único que llegó a la Argentina desde la Tierra Prometida. Buscó la Argentina cuando el gobierno turco, que por entonces era el Mandato Otomano en la zona, intentó reclutarlo para luchar contra los Aliados en la Primera Guerra Mundial.

Los nietos de don Simón siguen vendiendo los mismos libros que propiciara su abuelo, en Buenos Aires, Argentina. Y el sitio del que tuvo que huir don Simón hace apenas noventa años es el primer Estado judío en dos milenios.

Un discreto éxodo

"En los últimos veinte años se dio un traslado de los miembros más jóvenes de la comunidad judía desde el Once hacia Belgrano o Palermo", explica Moshé Korin. "Al principio de esta historia, la aspiración de los judíos que tenían comercio en el Once era poder vivir, en vez de al fondo del negocio, arriba del negocio, como un dúplex. Estar cerca. La tendencia, en los noventa, fue exactamente la contraria: no veían el momento de cerrar el negocio para estar en el despejado country. Les daba otro status. O aspiraban a barrios residenciales, o bohemios, o sofisticados. En el Once quedó la población de mayor edad.

"Durante muchos años, en el Once funcionaron los dos diarios ídish más importantes, que salían todos los días: El *Di Presse*, en Castelli y Valentín Gomez, y el *Idische Zeitung*, que de Corrientes y Pasteur se mudó a Ecuador y Corrientes. También *Mundo Israelita*, el más antiguo de los diarios judíos en castellano, en Lavalle y Paso. En la década del treinta, había miles de lectores para cada diario en ídish. Hoy no hay un solo diario ídish en toda la Argentina."

XII

El camino del pecado

Más allá de la Plaza Once el barrio comienza a terminar. Atravesar la plaza y cruzar Rivadavia es mi recorrido habitual, y resulta para mis sentidos lo que para los antiguos el horizonte.

Bajo las recovas —construidas en el 1873, cuando el Once comenzaba a despuntar—, por Pueyrredón entre Perón y Rivadavia, se amontonan kioskos de diarios que venden ejemplares de toda Latinoamérica.

Siempre me detengo a leer los titulares del semanario *Esto* de Asunción del Paraguay: "Finado por sobredosis solía recibir a pendejas". Alternan frases en castellano con interjecciones guaraníes, y mi primer entretenimiento matutino es tratar de comprender, infructuosamente, el significado de las interjecciones guaraníes: "En pleno santo' ara licuaron a Ruben' i". Las imágenes son invariablemente las mismas: el rostro de un occiso y un trasero desnudo. Página tras página: muertos y culos, muertos y culos. Los muertos pueden tener a veces la cara destrozada, o sólo la mitad de la cara porque la otra mitad se la volaron a sí mismos de un balazo; agujeros de perdigonazos en el pecho o una cuchillada en las costillas. Y los traseros pueden estar cubiertos con una tanga blanca o totalmente descubiertos. Pero jamás faltará ni un culo ni un muerto —y a menudo el culo de una muerta— en el semanario paraguayo colgado bajo la sombra de la recova del Once.

Cuando Pueyrredón, pasando la plaza hacia Rivadavia, se llama Jujuy, se transforma en un desierto. Se vacía de gente y de puestos. Pero cuando se llama Pueyrredón, hacia Teniente General Perón, hacia Sarmiento, se puebla de puestos callejeros y de gentes de todos los colores. Todos puestos truchos, discos compactos truchos, videos truchos, DVD truchos. (Nunca he sentido cariño por las copias ilegales de discos ni de películas; no comparto ese afán autodestructivo de los intelectuales de clase media de condonar como picardía el robo de libros o la reproducción ilegal de los bienes artísticos.) También es un mercado de pulgas, repleto de muñequitos de plástico, fundas de celulares, llaveros, flores de plásticos, chucherías y comestibles al paso.

En la Plaza, durante el día, alternan los evangelistas que intentan convertir a la gente *in situ*, los vendedores de café y garrapiñada que circundan la plaza pero no entran, los niños de la calle, los vagabundos y las putas. Por la tarde, antes de que se oculte el sol, llegan los filántropos de la Municipalidad, que reparten comida a los indigentes.

Las putas siguen hasta la primera cuadra de Jujuy, porque hay un albergue transitorio pegado a la pizzería, y se juntan en ramillete a la espera de clientes baratos. Son gordas, o de edades superiores a los cuarenta; las hay más jóvenes, extranjeras: dominicanas, africanas, cubanas. Aunque todos los barrios tienen sus "chicas", alguna vez el Once estuvo fuertemente vinculado a la prostitución, especialmente en la época de la Migdal, una organización que ya hemos mencionado varias veces y cuya historia ha despertado la imaginación de los escritores y la curiosidad de los investigadores.

Los testimonios del comisario Julio Alsogaray, actuante por aquellas décadas contra la trata de blancas en la Argentina y contra esta organización en particular, se han convertido en clásicos al respecto. *La organización negra*, de Gerardo Bra, publicado en 1982, es otra aproximación histórica. No hace muchos años la novela *La Polaca*, de Myrtha Schalom, agotó varias ediciones reflotando el tema. Schalom cuenta la historia de Raquel Liberman, la mujer que, luego de ser una pupila forzada de la Migdal, denunció a la organización de rufianes el último día de diciembre de 1929. A mediados de los ochenta, el escritor Humberto Constantini me leyó párrafos de una novela titulada "Rapsodia de Raquel Liberman", pero no sé si llegó a terminarla. Yo me encontraba con Constantini en un departamento de la calle Larrea, y por allí pasaba a buscarlo un anciano de boina, que nunca supe si era un cafisho o un cliente de aquellos prostíbulos. En cualquier caso, era un testigo vivencial de la historia de la Migdal y compartía su historia con el autor de *Un tal Funes* y *La larga noche de Francisco Sanctis*.

Ya no deben quedar integrantes de la organización vivos, pero tal vez sí clientes que en aquellas épocas eran adolescentes. La Migdal se disolvió como organización a fines de los años treinta, luego de que se le retirara la personería jurídica... (porque tenía personería jurídica). Había nacido alrededor de 1906, aunque con dos nombres distintos, de dos agrupaciones de proxenetas que luego se afiliarían en una: la Varsovia —conformada únicamente por judíos polacos— y la Asquenazum, integrada por judíos rusos y rumanos. Ambos grupos colaboraban entre sí y se dedicaban a una tarea excluyente: reclutar y regentear prostitutas. Llegaron a contar con un centenar de prostíbulos en toda la Argentina, y a manejar cerca de tres mil de mujeres. Para cuando se desarticuló la organización unificada, la componían alrededor de trescientos caftenes o, como se los llamaba en ídish, *tmeiin* (el término es hebreo y significa "impuros").

Ahora bien, desde el 1900, y hasta muy avanzada la década del treinta, la prostitución en Argentina era legal. Entonces, ¿cuál es el escandaloso atractivo de la Migdal?

Hoy, donde mantenían sus reuniones los rufianes de la Migdal, en Córdoba 3280, se alza un confortable edificio, un rascacielos con la clásica arquitectura de clase media de los ochenta. A pocos pasos, hay un convento de monjas. Ni una sombra, ni un cartel, refleja que sobre esa cuadra existió alguna vez la sede social de una resonante organización de proxenetas; pero para quien conoce la historia, caminar desde el edificio al convento no deja de ser una ironía que no ha desaparecido con el tiempo.

La Migdal era de por sí llamativa, porque representaba una fuerza importante en el negocio de la prostitución. Pero el tono de escándalo con que siempre se la ha mencionado obedece a diversos factores, algunos más convincentes que otros, aunque ninguno parece determinante.

Uno de los factores que convierten a la Migdal en un escándalo está relacionado con la ilegalidad: se los acusaba de engañar y forzar a sus pupilas para convertirlas en tales. Lo del engaño se comprobó en centenares de casos: las mujeres eran seducidas o contratadas en Polonia, Rusia o Rumania —mucho menos en países de Europa Occidental—, con la promesa de casamiento en el caso de la seducción, o con la promesa de un trabajo sin relación con la prostitución en el caso de la falsa contratación. Todas terminaban en los burdeles.

Lo curioso es que las bodas prometidas se concretaban: muchas veces eran bodas fraguadas; pero otras tantas eran reales. Los cafishos utilizaban a estas furtivas "esposas" como prostitutas. En todos los casos, las bodas eran en la sinagoga: en la de Avellaneda, en las primeras dos décadas de existencia de la Varsovia y la Asquenazum; o en la de Córdoba al 3200, cuando se fusionaron en la Migdal. Pero la mayoría de las veces desistían del obligatorio trámite previo: el casamiento civil según la ley argentina.

Respecto de la utilización de la fuerza física para reclutar y retener a las pupilas, no hubo muchas más pruebas que las amenazas no concretadas contra Raquel Liberman. No aparecieron, por ejemplo, acusaciones de asesinatos contra los integrantes de la Migdal. A Raquel Liberman la amenazaron con dañarla físicamente si le iba con el cuento a la policía, aunque también le ofrecieron dinero para que no lo hiciera: ni la amenaza ni la dádiva se concretaron, y el testimonio de Liberman fue el comienzo del fin para la organización. Lo que Raquel Liberman denunció no fue que había sido forzada en 1924, a su llegada a la Argentina, a convertirse en prostituta de la Migdal, sino que en 1929, cinco años después, cuando había logrado juntar un capital, abandonar el prostíbulo y poner su negocio de antigüedades sobre la avenida Callao, un hombre llamado Salomón José Khon la sedujo, la desposó y la engañó: Khon resultó un enviado de la Migdal para regresarla a sus filas.

En la historia de Liberman, y en la de la mayoría de las pupilas, emerge más la idea de engaño, de estafa y de crueldad moral, que la de violencia. Las mujeres eran engañadas y traídas con pretextos a la Argentina y, una vez en el país, carentes de cualquier tipo de inserción laboral, eran aisladas de tal modo que no veían la luz del día más allá del prostíbulo. Mucho antes de llegar, en Europa, los rufianes les reclamaban el pasaporte —con el argumento de que ellos lo cuidarían o de que lo necesitaban para presentar a las autoridades—, a fin de que ni siquiera contaran con los mínimos recursos legales. Jueces, legisladores y policías eran sobornados por la Varsovia, por la Asquenazum y más tarde por la Migdal.

Pero no era distinta la situación de las prostitutas —nativas o inmigrantes— regenteadas en el país por franceses o inmigrantes de otras nacionalidades, o por los propios cafishos criollos; casos en lo que incluso eran más habituales los asesinatos o los malos tratos físicos. Entonces, nuevamente, ¿por qué el acento en la Migdal?

Yo creo que se debe, con la misma importancia, a sus afanes organizativos y a su apego identitario, entre otros factores. No existió otra agrupación de cafishos que se constituyera como mutual, como lo hizo La Varsovia, desde sus primeros días, en la falsa Mutual Israelita de Socorros Mutuos. Como la mayoría de los judíos y las organizaciones comunitarias los rechazaban, construyeron sus propios templos e improvisaron también un cementerio. La Migdal, desde muy temprano, enterraba a los suyos en un terreno exclusivo, al lado del Cementerio Municipal de Barracas al Sud, hoy Avellaneda. Por otro lado, el hecho de que, realizando actividades férreamente prohibidas por su religión, abrazaran la religión con la misma fuerza con que se dedicaban a la trata de blancas, al ser de una minoría, tiene que haber llamado la atención.

Siempre me he preguntado por qué, si eran capaces de engañar, estafar y explotar a las mujeres de su propio pueblo, sentían semejante deseo de ser aceptados o protegidos por Dios. ¿Por qué no abandonaban de una vez, junto con sus principios morales, también la religión en la que habían nacido? Nunca he encontrado una respuesta. Daría la impresión de que en ciertas circunstancias los hombres son capaces de renunciar a todos los mandatos que su religión les impone, pero no a la identidad que los cobija. Los hombres necesitan un nombre, una identidad, y en la mayoría de los casos una religión, realicen la actividad que realicen.

Como reseñaba Bashevis Singer en su texto, los prostíbulos de la Migdal se desparramaban a lo largo de toda la calle Junín, y de otras del barrio. Y, aunque segregados, hacían pesar su incidencia en la vida callejera judía en Buenos Aires. Los miembros de la Migdal se pavoneaban con sus fortunas y sus esposas por los repletos teatros ídish, y en muchos casos producían las obras o colaboraban económicamente en el mantenimiento de las salas.

La propia comunidad judía organizada, liderada por el rabino Halphon, fue la principal impulsora de la lucha contra la Migdal. El rabino Samuel Halphon, en la década del veinte, fundó las Ezra Noschim, una liga en defensa de las mujeres y los niños, que resultó ser el azote civil de la Migdal. Los integrantes de las Ezra Noschimg subían, junto a funcionarios públicos, a los barcos colmados de inmigrantes, para identificar a los caftenes entre sus pasajeros e impedirles el desembarco. El rabino Hacohen Sinai, ya en los comienzos del 1900, cuando aún coexistían la Varsovia y la Asquenazum, declaró respecto de aquel cementerio de Avellaneda: "Prefiero yacer entre gentiles honorables que entre nuestros *tmeiin*".*

* Mirelnan, Víctor A., *En busca de una identidad: Los inmigrantes judíos en Buenos Aires, 1890-1930*, Buenos Aires, Milá, 1988.

Pero si los cementerios suelen ser protegidos de los asuntos humanos por la paz de su obligado silencio, los teatros, en cambio, son pura vida, palabra, ruido, acumulación de gente, y escándalo. Los dos diarios ídish más importantes de Buenos Aires, el *Di Presse* y el *Idische Zeitung*, se trenzaron en una duradera polémica alrededor de la Migdal y sus vínculos con el espectáculo.

En 1926, el administrador de un teatro del Once decidió retirar de cartel la obra *Regeneración* (*Ibergus*), de León Malach. El motivo del cese de la obra era un secreto a voces: como el texto denunciaba las malas artes de los rufianes en Río de Janeiro, a los capitostes de la Migdal —que ponían plata en ese teatro— les molestaba la referencia. El *Di Presse* lanzó un editorial contra el administrador del teatro por someterse a las peticiones de los rufianes. El *Idische Zeitung*, en cambio, defendió la "libertad" del empresario para decidir qué obra mantener y cuál bajar. El *Di Presse* abundó: también el *Zeitung* se beneficiaba con el dinero de los tenebrosos.

A lo largo de la historia judía en el Once, decenas de periódicos de las más diversas tendencias representaron las voces de los distintos subgrupos: el *Al Galá*, en árabe; el *Atideinu*, en hebreo; el diario comercial en ídish *Der ídisher Soijer*; el sionista *Di Idische Hofnung*, y el comunista *Der Roither Schtern*; pero pocas veces se pudo leer en ellos una polémica como ésta, que no trataba ni de las persecuciones ni de las respuestas políticas, sino de un tema mucho más prosaico e inmediato: si debía dejarse o no a los proxenetas participar activamente de la vida teatral. El triunfo en esta partida fue, finalmente, para el *Di Presse*: cuatro años después, la Migdal ya no existía, ni en los teatros ni en las calles.*

* La mayoría de los datos de este apartado han sido extraídos del libro de Víctor A. Mirelman, *En busca de una identidad: Los inmigrantes judíos en Buenos Aires, 1890-1930* (Buenos Aires, Milá, 1988). La totalidad de las opiniones, en cambio, son de mi exclusiva responsabilidad.

Zwi Migdal, aparentemente, era el nombre de uno de los fundadores de la organización; pero al día de hoy no se ha podido encontrar la tumba en la parcela donde originariamente enterraban a los suyos.

XIII

Un remolino en el Abasto

Junto a mi estudio, sobre Valentín Gómez, existe una verdulería que lleva ya al menos una decena de años iluminando la esquina. De día, el sol dispara los pigmentos de color en las verduras y resulta una suerte de jardín: da pena desparramar el espectáculo llevándose las naranjas, pero yo no puedo vivir sin mi jugo exprimido de la mañana. En la madrugada, el verdulero de guardia (porque no cierra nunca) se alumbra con una garrafa que deja a las manzanas y las uvas apagadas en un tono mortecino. El verdulero de guardia es en realidad un guardián del mundo, protegiendo la integridad del planeta mientras todos los demás duermen.

A diferencia de esta verdulería que ha mantenido su luz, su horario y su fisonomía invariables a lo largo de los años, el Abasto, a sólo una cuadra, atravesó metamorfosis que cambiaron al barrio. Comenzó, también, como una verdulería gigante. Hoy parece mentira que haya existido semejante mercado en pleno centro, cuando ya casi no existen las ferias barriales: esos mercados con piso de cemento, gigantescos y en penumbras, donde siempre olía a pescado y los locales se amontonaban uno al lado del otro —carne, verdura, panadería, barriles de aceitunas, de lentejas, de especias sueltas—. (Había una sobre Sarmiento entre Pasteur y Uriburu, pegada a la cinemateca Hebraica, entre los años sesenta y los ochenta.)

El Abasto comenzó como lo que fue hasta 1984: un mercado central en el que la ciudad recibía frutas, verduras y otros productos del resto del país; pero no carne, por motivos sanitarios. Se alzó en 1893, luego de tres años de trabajo, entre las calles Agüero, Lavalle y Anchorena, y la avenida Corrientes. Junto con el comienzo del tendido del subte B, alrededor de 1920, se decidió ampliarlo. Hasta 1934, era más bien una suma de puestos, una feria repetida en 25.000 metros cuadrados. La prohibición de vender carne nunca fue del todo respetada, y con el paso de las décadas se vendieron también aves y pescados.

El edificio, tal cual hoy lo conocemos, fue diseñado en 1930, se comenzó a construir en 1931 y se inauguró en 1934. Pasarían más de sesenta años antes de que volviera a inaugurarse como shopping, en una postal algo bizarrra: Fernando de la Rúa, como Jefe de Gobierno de la Ciudad, con unos anteojitos para ver imágenes tridimensionales, junto a Carlos Menem presidente.

El Abasto sorprendió desde sus inicios. En 1934 era el edificio más grande de toda Sudamérica. Igual que hoy con el subte, uno podía descender directamente al mercado desde el tren. Como una feria del futuro, contaba con escaleras mecánicas y locutorios. Duró hasta 1984 y por varios años fue un misterio. No creo que haya existido nunca en ciudad alguna un edificio tan grande cerrado por tanto tiempo. Era como la catedral de un dios pagano que hubiera muerto.

Entre los diversos mitos que se tejían a su alrededor, recuerdo el que más me asustaba: era un gigantesco depósito de ratas, y si se comenzaba alguna obra o se lo demolía, los roedores abandonarían su guarida e infestarían la ciudad. Que fue el más grande criadero de ratas del que hayamos tenido noticia, no me cabe duda. Pero evidentemente los temores al respecto no eran ciertos: con el shopping, se ven muchas menos ratas que antes por el barrio.

En la ciudad, las ratas siempre han sido uno de mis grandes temores: como los roedores me habían echado de la escuela Saavedra, temía que continuaran echándome de diferentes lugares. Con el tiempo aprendí que, generalmente, aquellas criaturas a las que más tememos son la que menos incidencia real tienen en nuestras vidas.

El nuevo Abasto resultó una fuerza absorbente: ya no existen el mercado-feria de la calle Sarmiento ni la cinemateca de Hebraica, pero enfrente y adentro del Abasto están el más grande supermercado y el mayor complejo de cines del barrio.

Concurrí durante toda mi adolescencia, semanalmente, a ver los clásicos en la cinemateca de Hebraica: allí conocí a De Sica, a Kurosawa en blanco y negro, a Fellini, a Scola, Visconti, Antonioni, Lina Wertmüller, De Palma... y a los maestros que me acompañaron por el resto de mi vida: Wilder, Lubitsch, Coppola, Scorsese...

Recuerdo que vi *Apocalypsis Now* en al menos tres ciclos diferentes: "Nuevo cine americano", "Cine bélico" y ciclo "Coppola". Llegué a pensar en una misma película que se repitiera todos los días —en la Cinemateca daban una película distinta por día—, sólo cambiando el nombre del ciclo. No me hubiera molestado que fuera *Blade Runner*, de Ridley Scott, que vi por primera vez en esa sala. Y si bien a *Érase una vez en América*, de Sergio Leone, la vi por primera vez con mi padre en un cine de la calle Lavalle, la media docena de veces que volví a verla también fue en la Cinemateca, en ciclos con nombres distintos.

En esa cinemateca se estrenó en la Argentina *Shoá*, el documental de Claude Lanzmann; el film se proyectó un domingo, a lo largo de diez horas, con tres intervalos, en 1987 o 1988. Antes de que existieran el video y el DVD, los sitios como la Cinemateca, siempre escasos, eran el único refugio de las películas que ya habían salido de cartel o que nunca llegaban a las salas comerciales. La entrada costaba menos de la mitad.

En la Cinemateca conocí al líder de la banda punk *Los Violadores*, Pil Trafa —un asiduo concurrente—, y también lo entrevisté para la revista del club. Era el sitio predilecto de los cinéfilos, los escritores y los intelectuales, como el cine Arte o la sala del Teatro San Martín. Y se llenaba, con toda clase de espectadores. Ahora me cruzo siempre que puedo al Multicine del Abasto, pero sólo para ver los estrenos, y nunca me he vuelto a encontrar con otro líder de una banda punk.

El Abasto fue un edificio fantasma hasta 1999. En el camino, intentó revivirlo la Cooperativa el Hogar Obrero, pero la misma cooperativa se hundió antes de poder resucitarlo. A mediados de los noventa lo compró el empresario húngaro George Soros y, respetando la estructura básica del edificio, lo convirtió en el shopping más grande de la Capital, con locales, restaurantes y juegos.

También las galerías, que en los setenta fueron la vanguardia comercial del Once, se prosternaron ante el Moloch de la calle Corrientes: las pocas que quedan parecen locales de otro tiempo, oscuras, laberínticas y de difícil comprensión para los compradores de la Era del Shopping.

Es extraño cómo cambió ese corazón del barrio desde entonces —el Once tiene más de un corazón—. Es evidente que todo ha mejorado: es más limpio, no se ven ratas, se inauguró el pasaje Carlos Gardel —una peatonal pintoresca rodeada de locales de tango, venta de objetos telúricos y cantinas— y abrió un hotel internacional cinco estrellas. Pero no se transformó, como podría haberse esperado, en una zona como Cerrito a la altura de Lavalle o como la propia Lavalle en sus tramos peatonales. Mantuvo ese aire arrabalero, la sustancia única de los lugares inmutables pero vivos, el tono —ya sin olor— de un mercado central y sus alrededores.

XIV

Un pogrom en el Once

Como en Rusia, los judíos del Once también sufrieron su pogrom. Fue la Semana Trágica de 1919.

Muchos años después conocí a un descendiente ideológico, arrepentido, de los cosacos de la Liga Patriótica que atacaron a los judíos del Once en aquel enero terrible. Lo conocí entre 1982 y 1983 y se llamaba Gabriel Ruiz de los Llanos. Era un personaje muy singular: había sido nazi durante su juventud y buena parte de su vida adulta, y repentinamente había vivido un vuelco interior, por motivos que él mismo desconocía, y abdicado de su antisemitismo.

Para cuando lo conocí personalmente —yo tenía dieciséis o diecisiete años—, era poeta, novelista y maratonista. Había escrito, en contra de su pasado nazi, un libro revelador: *El antisemita*. Narraba con transparencia el alma y las motivaciones alucinógenas de aquellos que hacían del antisemitismo una militancia y hasta una cosmovisión. Llamativamente, ni Llanos ni el resto de los integrantes de su grupo habían tenido contacto directo con judíos, excepto a la hora de atacarlos, ya fuera con insultos o por medio del vandalismo. Pero a partir de su vuelco, Gabriel Ruiz de los Llanos comenzó a hablar por primera vez con quienes habían sido el objeto de su odio hasta hacía muy poco tiempo. Decidió como paso inicial concurrir a la AMIA, a pedirle perdón personalmente al presidente de la DAIA. También publicó textos en el periódico judeoargentino *Nueva Presencia* y explicó su peregrinaje en una larga entrevista.

No se trataba solamente de un nazi introspectivo que de pronto había salido a la luz en su arrepentimiento, sino de un verdadero propulsor del antisemitismo y un reconocido poeta para los grupúsculos afines. Era el autor de una diatriba titulada "Rompan todo": cargado con las sempiternas referencias a la usura, el capital y los judíos, invitaba, literalmente, a romper el barrio de Once, dejarlo en sangre y fuego. (Tanto los colegas nazis de De los Llanos, como los vándalos de la Semana Trágica, acusaban a los judíos de ser, además de los baluartes del capitalismo, comunistas o anarquistas endémicos. En *El caso Satanowsky*, por ejemplo, Walsh describe al escribano judío como un "miembro admitido de la oligarquía argentina", para luego recordar que los "fascistas" locales describían al mismo Satanowsky como el protector de "la hez social y los comunistas").

Leí "Rompan todo" antes de encontrarme con el autor, y recuerdo que dudé muy seriamente de que fuera una buena idea compartir la mesa. Decidimos entrevistarlo, con un amigo, para una revista que un grupo de adolescentes publicábamos dentro de la Sociedad Hebraica Argentina. La situación era bizarra: entrevistar a un ex nazi, ahora luchador contra el antisemitismo, al lado de la Hebraica.

Era un hombre delgado, calvo, suave en el hablar y reflexivo. Me llamó especialmente la atención que, como yo por entonces, fuera maratonista. Yo nunca había llegado a correr los 40 kilómetros, pero había ganado, tanto en el club como en el colegio, las pocas carreras de más de cinco kilómetros. Sin ser veloz, no me faltaba resistencia. Me impactó especialmente este dato en Gabriel Ruiz de los Llanos porque no podía concebir la idea de que un maratonista pudiera ser nazi. La maratón, a diferencia de otras competencias de mera fuerza o mera velocidad, requiere de los participantes un compendio de concentración, voluntad, contacto con uno mismo y buena fe, que me parecían incompatibles con la ideología nazi. Pero lo cierto es que cualquier persona puede mantener cualquier idea y realizar cualquier actividad, por muy contradictorias que a tal o cual le parezcan, sin que el Universo diga una palabra al respecto. Aunque... ¿quién sabe?, tal vez fue la maratón lo que finalmente permitió a De los Llanos escapar del nazismo.

De los Llanos nos habló, aquella tarde en pleno Once, del clima ominoso que había vivido en el entorno familiar de su infancia y de cómo lo había influenciado para convertirse finalmente en nazi. Destacó, una vez más, que no había conocido judíos personalmente sino hasta esos días.

Me regaló dos novelas, *La maratón* y *Desiertos, mares y multitudes*. Leí ambas con el mayor interés. Pero la que no me olvido es la segunda. Era acerca de la relación entre una militante revolucionaria de los años setenta —no recuerdo si del ERP o Montoneros— y su tío, un represor ligado a la ultraderecha peronista. El tema no es nuevo: ambos personajes, ya como pareja, abandonaban sus respectivas organizaciones luego de comenzar una febril relación erótica. De hecho, era una novela erótica.

Todavía flotan en mi memoria las descripciones. Tanto en *El antisemita* como en *Desiertos, mares y multitudes*, el sexo ocupaba un lugar destacado. Y el autor hacía hincapié en la dificultad de sus ex colegas nazis para relacionarse con las mujeres.

Fue la única vez que lo vi en mi vida, y no he vuelto a saber de él.

La semana trágica

“A pesar de su judeofobia, Martel no hace actuar concretamente a ningún personaje judío, sino que todas las acusaciones son de carácter general. Posiblemente se deba a que no haya conocido un solo judío de carne y hueso durante su breve vida, y entonces arremete contra el judío imaginado que importa de la literatura antisemita francesa”, describe Gustavo Perednik, en su revelador ensayo

“La judeofobia embolsada”*, refiriéndose a la novela antisemita *La Bolsa*, de Julián Martel, publicada a fines del 1800 en Buenos Aires.

Cuando los judíos comenzaron a instalarse en el Once, el barrio se transformó en el blanco predilecto, tanto de palabra como de actos, para los antisemitas. El peor atentado antijudío posterior a la Segunda Guerra Mundial, la destrucción de la AMIA, ocurrió en el barrio. Igual que la mayoría de los furtivos actos antisemitas entre las décadas del sesenta y el setenta. Pero el primer pogrom y la primera expresión de la práctica antisemita parapolicial en la Argentina fue, sin duda, la Semana Trágica de 1919.

Los hechos que afectaron a los judíos estaban inscriptos dentro de un conflicto más amplio y de clase: la huelga de los obreros metalúrgicos de la fábrica Vasena e hijos (ubicada junto a la plaza Martín Fierro, en Cochabamba y La Rioja) durante los primeros días de enero, y la salvaje represión policial.

Desde los últimos días de diciembre de 1918, los obreros reclamaban la reducción de la jornada laboral a ocho horas (duraba once), el día de descanso dominical, la liberación de los obreros presos y el aumento gradual de los salarios. Entre ellos había anarquistas que querían acabar con el sistema capitalista en su conjunto; pero esencialmente los reclamos no superaban el marco del sentido común, dentro de la lógica capitalista.

Por su parte, la represión policial pretendía acabar con la huelga, las protestas, y cualquier intento organizativo sindical. Sus resultados fueron anticipados por el general Dellepiane, encargado de la represión: “Habrá un escarmiento que se recordará durante los próximos cincuenta años”. En el primer día de represión, el 7 de enero, la policía se cobró la vida de cuatro obreros. Los obreros

* Perednik, Gustavo, A., “La judeofobia embolsada”, en VV. AA., *Reflexiones*, Buenos Aires, Milá, 2005.

respondieron con una huelga general. Disparando a mansalva durante casi nueve días, la policía asesinó a más de setecientas personas y dejó un tendal de cuatro millares de heridos.

La violencia parapolicial, hegemonizada básicamente por la proto-Liga Patriótica (este grupo de matones, dirigido por Manuel Carlés, no se había constituido formalmente como liga cuando atacaron el Once en enero del '19), tenía como enemigo central a los judíos. Diversos motivos irracionales asociaban, en los pensamientos de esta turba asesina, a los judíos con un enemigo ubicuo.

Como la mayoría de los judíos provenía de Polonia y Rusia —y Polonia había sido parte de Rusia— se los llamaba "rusos", y el adjetivo gentilicio alcanzaba para convertirlos automáticamente, en 1919, dos años después de la Revolución de Octubre, en "bolcheviques".

En otro orden, en un sentido racional que para los antisemitas es indistinto, efectivamente la importancia de la participación judía en movimientos de izquierda es desproporcionada respecto a su importancia demográfica en cada una de las diásporas occidentales en las que han vivido.* Buena parte de los textos en ídish del siglo XX se volcaron hacia lo que podríamos llamar "progresismo". Los militantes judíos se destacaron en los grupos comunistas y anarquistas. En algunos casos, abrazando estas ideologías seculares sin abdicar de su identidad judía. En otros, revolviéndose contra sí mismos: Karl Marx, un judío renegado, escribió feroces textos antijudíos. Y Trotsky, otro campeón del autoodio, nacido León Davidovich Bronstein, cuando dirigía el Ejército Rojo se empeñaba en mandar a los judíos a las primeras líneas para que nadie pudiera acusarlo de favo-

* Sólo en Norteamérica, con sus seis millones de judíos en el presente, podemos hablar de una diáspora numéricamente significativa, pero de todos modos se trata de una minoría.

ritismo.* Como se decía por aquel entonces en ídish: "La revolución la hacen los Trotskys, pero los que mueren son los Bronstein". También fue destacable, en la segunda mitad del siglo XX, la participación judía en los movimientos por los derechos civiles y por los derechos humanos; y contra la segregación racial, tanto en Norteamérica como en Sudáfrica, por ejemplo.

Entre los obreros, y entre los anarquistas, socialistas y comunistas, de la fábrica Vasena y del Once, claro, había judíos con barbas idénticas a las de sus padres piadosos, y también con gorras proletarias que, sin que ellos lo reconocieran, les cubrían la cabeza igual que los solideos a sus padres. Pero en la imaginación de los facinerosos de Carlés —un jurista y dirigente autodenominado nacionalista—, como había judíos anarquistas, todo judío era un anarquista y un enemigo.

Un libro interesante, que describe lateralmente a un sector de esa minoría que eran los judíos obreros socialistas** del Once, es *Bund, historia del movimiento obrero judío*, de Israel Laubstein. Entre diversos acontecimientos, presenta la sección argentina del Bund, un grupo de judíos socialistas no sionistas (en Europa Oriental eran directamente antisionistas).

Es la historia trágica de una agrupación con un ánimo redentor tan absurdo como inagotable; una agrupación

* El principal biógrafo y apologista de Trotsky, Isaac Deutscher, lo cuenta así: "En la correspondencia de Trotsky con Lenin durante la guerra civil hay una admirable ilustración de esta atmósfera. Trotsky, que era entonces jefe del Ejército Rojo y Comisario de Defensa, escribió un mensaje confidencial desde el frente en el cual pedía que todos los judíos que ocupaban seguros puestos administrativos militares fueran retirados de sus oficinas y enviados al frente" (*Los judíos no judíos*, Buenos Aires, Kikiyon, 1969, p. 68.)

** El término "socialistas" es demasiado amplio, y define desde marxistas hasta utópicos, desde sionistas laboristas hasta no sionistas, pasando por los antisionistas. Dejo, en este caso, que la definición se desprenda del relato.

que era a la vez parte del reflejo de un pueblo por entonces sin lugar, cuya vanguardia de izquierda quiso encontrar un lugar en la justicia social, infructuosamente. El Bund lucha por la revolución socialista, y la revolución socialista soviética representa su epitafio. El Bund arenga a las masas polacas, y las masas polacas persiguen a los bundistas. El Bund se agrupa tras el independentista polaco Pilsudski, y Pilsudski los reprime con saña. En fin: ser simplemente judío en la Rusia zarista, en la Rusia soviética o en cualquier Polonia, era de por sí un peligro; ser un judío de izquierda era una circunstancia cuyo nivel de riesgo es indefinible. Muchos de los desposeídos cuyo nivel de vida intentaban mejorar, los odiaban a muerte y eran los entusiastas protagonistas de los pogroms, los asesinatos y las violaciones.

Aunque los miembros del Bund alardeaban de materialistas, Laubstein los describe en una escena reveladora: "Comenzó a llover y todos ellos estuvieron bajo la lluvia durante dos horas. Se habían juramentado ante un par de Tefilín (filacterias) cada uno de ellos, de estar parados y erguidos y cuidando de todo lo que se había resuelto". Juraban ante un objeto sagrado mantener una huelga secular. Preservaban el ídish como un idioma privilegiado para comunicarse los términos de la revolución social, del mismo modo que los practicantes preservaban el hebreo como el idoma sagrado para referirse a lo divino. En Europa vibraba la polémica: los sionistas socialistas, que sólo encontraban posible el socialismo en el mandato británico en Palestina, se enfrentaban a los socialistas del Bund, que elegían la autonomía judía en los países de origen. La historia humana dio un veredicto irrefutable: a los que no emigraron los mataron los nazis.

"En la Semana Trágica de 1919", cuenta uno de los personajes de la novela *Frontera Sur*, de Horacio Vázquez Rial (un escritor que ahora vive en Barcelona, pero nació y se crió en el Once), "se desató la caza del ruso. Así lo llamó la prensa. Eso del ruso... es un término muy amplio, que alude al judío, el polaco, el húngaro, al que se supone comerciante, o bolchevique, o terrorista, no importa lo incongruentes que parezcan estos términos... [...] los jóvenes que poco después serían organizados en la Liga Patriótica, armados, tomaron al asalto el barrio de Once, el barrio judío, identificándose con un brazalete celeste y blanco, apedreando tiendas y deteniendo a cuanto peatón con barba se les pusiera a tiro."

"Isaac Nudelman era manco", sigue este mismo autor, nacido en 1947 y autor de ensayos imprescindibles como *La izquierda reaccionaria*, en su biografía *Perón, tal vez la historia*. "Le faltaba el brazo derecho. Pasaba por delante de los grandes portones del Mercado de Abasto en la mañana del segundo o tercer día de la huelga. Un soldado o un policía —lo mismo da, porque ya había lo que los militares de los años setenta denominarían fuerzas conjuntas— le dio el alto. Isaac se detuvo. Le ordenaron levantar las manos. Él obedeció, alzando el brazo izquierdo, el único. La manga vacía quedó sujeta al bolsillo derecho del saco, que llevaba puesto a pesar del calor sólo porque le daba cierto reparo exhibir esa ausencia. La manga vacía le pareció sospechosa al que había gritado. Sospechosa y peligrosa. Antes de que ese tipo sacara un arma escondida, el uniformado disparó. Con buena puntería. En la frente y desde bastante cerca. Eso, repetido hasta la saciedad, fue la Semana Trágica."

Uno de los acontecimientos que los delincuentes de Carlés declamaban querer lavar con sangre durante esta semana era el asesinato del jefe de Policía Ramón L. Falcón, a manos del anarquista Simón Radovitzky, sucedido diez años antes, el 14 de noviembre de 1909.

Radovitzky había vivido en el Once, en el conventillo de Uriburu al 100 (y pasó el resto de su vida en la cárcel de Ushuaia). Era ucraniano y anarquista. Como la mayoría de los judíos ácratas, renegaba por completo de su identidad hebrea, ya que los diez mandamientos, la Tierra Prometida o la mera idea de Dios, no eran para ellos más que recursos de la burguesía. Siempre me ha llamado la atención que los judíos anarquistas o maximalistas del siglo XX se opusieran con tanta fuerza a, por ejemplo, al shabat, es decir, a la idea de que entre el viernes y el sábado se debe descansar, mientras al mismo tiempo reclamaban más horas de descanso para la clase obrera. (Parecía no importarles cuán beneficiosa fuera una propuesta: bastaba con que tuviera el sello de sus ancestros para que la rechazaran sin siquiera contemplarla.)

Aprovechando la huelga y la represión de enero del '19, los futuros integrantes de la Liga Patriótica cayeron sobre el barrio con la saña que acompaña a estos cobardes cuando saben que del otro lado hay civiles indefensos, ancianos, mujeres y niños. No encontraron, claro, revolucionarios en sus barricadas dispuestos a repetir la toma del Palacio de Invierno, sino modestos comerciantes del Once, judíos ortodoxos, amas de casa y niños. Por eso mismo, los atacaron con más tranquilidad.

En su exhaustivo libro *En busca de una identidad...**, el investigador Víctor A. Mirelman recoge el testimonio de Juan Carulla, uno de los admiradores de Manuel Carlés:

> Oí decir que estaban incendiando el barrio judío y hacia allí dirigí mis pasos. Caminé por las calles Junín, Uriburu y Azcuénaga, al principio sin hallar signos patentes de disturbios, salvo la presencia en puertas y esquinas de grupos de hombres, mujeres y niños en actitud expectante. Fue al llegar a Viamonte, a la altura de la Facultad de Medicina, que me tocó presenciar lo que podría denominarse el primer pogrom en la Argentina [...] Me pareció, sin embargo, que el cruel castigo se hacía extensivo a otros hogares hebreos. El ruido de muebles y cajones violentamente arrojados a la calle se mezclaba con gritos de "*mueran los judíos, mueran los maximalistas*". Nunca olvidaré el rostro cárdeno y la mirada suplicante de uno de ellos al que arrastraban un par de mo-

* Mirelman, Víctor A., ob. cit.

zalbetes, así como el de un nño sollozante que se aferraba a la vieja levita negra, ya desgarrada, de otro de aquellos pobres diablos. Aparté, no sin repugnancia, mi mirada de aquel cuadro chocante, pero fue solamente para aplicarla en otros del mismo jaez, pues el disturbio provocado por el ataque a los negocios y hogares hebreos se había propagado en varias manzanas a la redonda.

Como en Rusia, se repitieron las imágenes de pesadilla de las que los judíos creían haber escapado: lúmpenes con brazaletes, cebados por la indefensión de sus víctimas, violaron a las adolescentes y niñas judías, partieron cráneos y arrancaron las barbas de los ancianos, apalearon personas al azar, y humillaron de modos repugnantes a las mujeres mayores. Su blanco preferido eran los judíos religiosos, tan alejados de cualquier teoría social como ignorantes del uso de la violencia.

Amparados por la policía, los cosacos o nazis porteños atacaron también el periódico de los judíos bundistas, socialistas no sionistas, de la calle Ecuador, y el local del Poale Sión, los judíos sionistas socialistas, que quedaba sobre la misma calle.

> El viernes 10 de enero a las 6 PM llegó frente al local de esta organización, Ecuador 645, un grupo de particulares armados con revólveres y palos, y encabezados por agentes de policía y conscriptos. Desde la calle hicieron una descarga al interior del local. Luego forzaron las puertas y ventanas y, posesionados del local, destruyeron todos sus objetos: muebles, ventanas, puertas y persianas, y quemaron la biblioteca, golpeando con los sables y las culatas de los máuseres a cuanta persona, hombres, mujeres y niños encontraron a mano.*

* Documento del Comité de la Colectividad Israelita presentado al Ministerio del Interior el 22 de enero de 1919. Citado por Daniel Lvovich en *Nacionalismo y antisemitismo en la Argentina*, Buenos Aires, Ediciones B, 2003.

Por mucho que se pelearan los judíos sionistas con los judíos del Bund, los antisemitas de enero de 1919 destruyeron sus dos locales, sin ninguna distinción de orden práctico o político. Las diferencias ideológicas entre los concurrentes a los dos sitios destruidos eran mucho mayores que su distancia espacial: el local del Bund, que en Argentina se llamaba Avangard (Vanguardia), quedaba en Ecuador 359, a menos de tres cuadras del otro.

Pedro Wald, secretario general del Avangard, fue detenido junto a su novia por la policía, bajo el cargo de ser el "futuro presidente del primer soviet de la república federal de los soviets argentinos" y consecuentemente torturado para que confesara. Una paradoja trágica es que Wald y los dirigentes del Avangard se oponían al comunismo de la URSS, que había perseguido y disuelto al Bund ruso.

Apenas un mes después de terminados los incidentes, el 19 de febrero, se funda formalmente la Liga Patriótica, con Manuel Carlés como presidente. Constituida por civiles armados, fue promovida no obstante por un militar, Domecq García. Duró hasta poco después de comenzada la década del treinta. En sus filas militaban tanto los hijos de la oligarquía nativa, como antisemitas de clase media, oficiales de las fuerzas armadas en el anonimato y lúmpenes de todas las calañas, que aunaban en un mismo enemigo a los judíos, los extranjeros, los sindicalistas y los maximalistas. Sus brigadas de choque eran financiadas por algunos socios de la Bolsa de Comercio de Buenos Aires. En abril de 1921 ya era una entidad civil con todos los requerimientos legales (y sin afrontar ninguna consecuencia por los desmanes ocasionados).

Los años sesenta y setenta

Decíamos que en el barrio se concentraron buena parte de los más resonantes ataques antisemitas cometidos en Argentina. Fue el barrio el epicentro de las reacciones y contrarreacciones cuando el grupo nazi Tacuara secuestró, torturó y tatuó con esvásticas el cuerpo de Graciela Sirota en 1962. El mismo grupo criminal mató, por ser judío, al estudiante Raúl Alterman en su departamento, sobre la calle Azcuénaga, en 1964. Los ataques contra vecinos judíos o contra el barrio en su conjunto continuaron durante la década del setenta.

El 5 de agosto de 1976, apenas cinco meses después de iniciada la dictadura militar de Videla, un grupo anónimo de antisemitas atacó los comercios del Once. El diario *La Opinión* destacó la "larga tradición en atentados antisemitas, que se remontan a los comienzos del presente siglo".

La cantidad de judíos secuestrados y asesinados por la dictadura militar es totalmente desproporcionada respecto del espacio demográfico que los judíos representaban y representan en el conjunto de la población argentina: mientras que los alrededor de 1500 desaparecidos judíos asesinados constituyen un 5 o un 10 por ciento del total de los desaparecidos registrados —según las cifras que se consideren—, los judíos en su conjunto no llegaban a representar ni el 1 por ciento de la población argentina.

La dictadura no los secuestraba por ser judíos sino por su militancia, armada o no, o por la sospecha de una militancia o participación política; pero si el detenido era judío, el castigo era doble y sufría humillaciones especiales en tanto que judío (las esvásticas y las fotos de Hitler eran habituales en los centros de tortura de la dictadura). Un resonante caso testigo fue el del director del diario *La Opinión*, Jacobo Timerman, un periodista crítico de las organizaciones armadas de izquierda, secuestrado y torturado por el general Camps durante la dictadura de Videla: las acusaciones antisemitas delirantes alternaban con las sesiones de picana eléctrica.

Una paradoja terrible es que, de entre los aproximadamente 1500 judíos desaparecidos, muchos formaban parte de organizaciones armadas o de izquierda tercermundista que, como en el caso de Montoneros, se consideraban aliadas directas de organizaciones como la OLP (Organización para la Liberación de Palestina) en los años setenta, el momento álgido de los ataques terroristas de esta organización contra Israel y objetivos judíos en todas partes del mundo: matanzas de niños o de atletas, o secuestros aéreos.

Un cuadro montonero de la mayor importancia, como Rodolfo Galimberti, participaba militarmente en ataques de organizaciones terroristas contra el Estado judío.* Mario Firmenich y Juan Manuel Abal Medina se manifestaban públicamente, a nivel internacional, a favor de la lucha armada contra Israel. El discurso interno de Montoneros y de otras organizaciones de izquierda en las que militaban judíos —en muchos casos con cargos de la mayor importancia—, era definitivamente antisionista. Y en ocasiones antisemita. Sin olvidar que los dos principales fundadores de Montoneros, Carlos Gustavo Ramus y Fernando Abal Medina, fueron primero dirigentes del grupo antisemita Tacuara en los comienzos de los años sesenta.

El atentado contra la AMIA

Los atentados contra la Embajada de Israel, en 1992, y contra la AMIA, en 1994, fueron la sangrienta cumbre de una tradición antisemita que recorrió la historia de la ciudad, y específicamente del Once, a lo largo de todo un siglo.

La Asociación Mutual Israelita Argentina festejaba su primer centenario cuando fue destruida por una bomba que mató 85 personas: empleados de la mutual, trabajadores que casualmente estaban operando allí, personas buscando trabajo (uno de los servicios más importantes que brindaba la AMIA era una bolsa de empleo) y transeúntes ocasionales. Entre ellos, un niño que iba caminando de la

* Véase Larraquy, M. y Caballero, R., *Galimberti. De Perón a Susana. De Montoneros a la CIA*, Buenos Aires, Norma, 2000.

mano de su madre. Fue el 18 de julio de 1994, poco antes de las 10 de la mañana.

Hasta donde las parcas investigaciones llegan —durante el gobierno de Menem la pesquisa casi no avanzó y durante los dos gobiernos posteriores (De la Rúa y Kirchner) avanzó con pasmosa lentitud—, se ha deducido que el atentado fue ejecutado por un terrorista suicida que condujo un coche-bomba contra el edificio.

Según esta hipótesis central, el atentado fue planificado y ejecutado por el grupo terrorista Hezbollah (originado en el Líbano a fines de los años setenta), auspiciado por la República Islámica de Irán, con la colaboración de la embajada iraní en la Argentina, y con un sólido grupo de apoyo argentino.

Mientras escribo estas líneas, todos los argentinos sospechados de haber colaborado con el atentado han salido libres por falta de pruebas e irregularidades procesales; un grupo heterogéneo, pero conectado, que abarcaba desde el desarmador de autos robados Carlos Telleldín hasta el comisario retirado de la policía bonaerense, Juan José Ribelli, efectivos a su mando y colegas.

En el año 2004 el gobierno argentino llegó a pedir la extradición de ex funcionarios de la embajada iraní, por ese entonces en Londres, pero le fue denegada por el gobierno inglés.

El barrio cambió para siempre. Delante de cada institución judía se colocaron protectores, de metal o cemento. A mi entender, más como un ritual que como un modo efectivo de protegerse contra un nuevo atentado, nunca descartado. Hoy, al caminar por delante de una escuela judía podemos ver palos amarillos de metal. Y en el frente de las sinagogas, amasijos de cemento, cuadrados o rectangulares. Junto a la entrada de cada club judío, hay una casilla policial, con uno o más efectivos. Y cada institución cuenta con uno o más miembros que se encargan de la seguridad y piden documentos interrogando a cada uno de los visitantes. Todas las casas educativas, religiosas o deportivas se han visto obligadas a vivir en estado de alerta.

En el Once está prohibido sacar fotos o filmar imágenes sin autorización previa. Cierta tarde del año 2000, mientras una fotógrafa me retrataba junto a una sinagoga en la calle Lavalle, nos interrumpió la policía y terminamos los dos adentro del patrullero. El incidente concluyó sólo una hora y media después, cuando un periodista del diario para el cual la fotógrafa trabajaba se comunicó con la comisaría. Pero las fotos nunca pudieron publicarse.

Es realmente una sensación siniestra saber que para sacarme una foto en el barrio en el que nací primero tengo que pedir autorización. Lo siniestro no proviene de no poder sacarse fotos, sino de la certeza de que, en efecto, existe el peligro de que alguien saque fotos o filme con el objetivo de causar daño.

Dos fotos, sin embargo, podrían marcar para la posteridad el único cambio determinante del barrio desde su nacimiento hasta hoy: una foto previa al atentado; y otra posterior. Pero no la del hueco inverosímil que dejó la bomba en lugar de la AMIA, sino la imagen de los palos amarillos recorriendo el Once como el reguero de una enfermedad. No pierdo la esperanza de que alguna vez esa foto, la de los palos amarillos, pueda formar parte del pasado.

XV

Una charla con Iaakov Agam

Hace ahora alrededor de diez años, el escultor israelí Yaacov Agam visitó Buenos Aires con la maqueta de lo que luego sería el monumento a las ochenta y cinco víctimas fallecidas en el atentado contra la AMIA.

Lo llevé al bar de Ayacucho y Tucumán.

"El monumento es una plegaria y una queja ante Dios", me dice Agam. Llueve y no hemos podido salir a recorrer el Once, como era nuestra idea original. Tras los vidrios del bar de la calle Ayacucho, vemos los pósters de los futuros estrenos cinematográficos. Es una zona del barrio donde la placidez desierta de la calle Tucumán choca contra los últimos avatares de Hollywood, las más grandes distribuidoras cinematográficas, y el ir y venir de los críticos: los "creyentes" del cine.

—¿Pero contar en imágenes no está prohibido por la Torá? —le pregunto mirando los carteles de las películas—. ¿Erigir una imagen no está prohibido?

Agam me dice que no ha podido encontrar en la Torá más que la prohibición de erigir ídolos y adorar figuras; mientras que narrar en imágenes, o construir un monumento que anuncie, recuerde y proteste, está más cerca del devenir de las cosas humanas, del movimiento, que de un inmóvil e inalterable becerro de oro. Como si las imágenes, al narrar, al expresar lamento o risa, se humanizaran y perdieran su posibilidad de idolatría.

—Bashevis Singer siempre decía que el verdadero

creyente es aquel que protesta ante Dios, que le discute sus decisiones —ahondo en su primera respuesta.

Agam dibuja una estrella de David en mi cuaderno y de algún modo logra que cada uno de los triángulos cobre la forma de una mujer y un hombre cruzándose. "Ésta es una de las maneras posibles de entender el escudo de David", me dice en hebreo, "la que más le interesaba a Singer".

Le pregunto, mientras caminamos por Tucumán hacia Ayacucho, si tuvo ocasión de observar el barrio, como escultor o como simple descifrador de arquitecturas. Noto, pero no le digo, que una vieja sinagoga sobre Tucumán entre Uriburu y Junín, sin símbolos y descascarada, que sólo se descubre como templo una vez dentro, es la única de Buenos Aires que no está protegida por palos amarillos o barriles de cemento.

¿Qué la protege? ¿El anonimato? ¿La precariedad? ¿Existe o me han engañado y no es una sinagoga? Tal vez sea una sinagoga que puede elevarse y huir, y por eso no requiere protecciones fijas.

"El escudo de David es el ícono de un pueblo perseguido", dice Agam en hebreo, "un escudo protector." "De este barrio puedo destacar más que nada su tranquilidad", sigue, "una fuerte sensación de civilidad, de vida cotidiana, de gente establecida. Es casi inverosímil que hayan puesto una bomba aquí, entre tanta tranquilidad. Un barrio de civiles que no representa objetivos militares ni políticos".

—¿Qué opina de estos postes amarillos? —le pregunto—. ¿Qué opina de su propio trabajo: tener que hacer un monumento en honor y recuerdo de más de ochenta personas masacradas en un atentado? ¿Le parece que alguna vez usted podrá liberarse de construir esta clase de monumentos?

—Cuando llegue el Mesías —dice Agam con una sonrisa.

—¿Y cuánto falta?

Hace cuentas mentales, pero finalmente bebe un sorbo de coca-cola ligth y no me contesta.

—¿Qué significa el apellido Agam?

El nombre significa "niño" y es una complicada suma de las letras hebraicas, que representan números. Otra suma más, me advierte que cuasicabalística, convierte a su nombre en un dieciocho y luego en un nueve, y de algún modo significa expansión, incontenible. Y también una laguna llena de peces.

—No sé qué es la Cábala —le digo—. Pero en mi infancia, era un secreto que atemorizaba. Ahora veo en los paseos públicos gente con un mazo de naipes que ofrece sus servicios cabalísticos a cambio de propinas.

—Madonna hace sus consultas con supuestos cabalistas —me dice Agam—. Pero en la Cábala hay una porción de sabiduría que permite ver lo invisible. Mis esculturas son un intento de darle imagen a aquello que los hombres niegan porque no ven. ¿Quién ve los protones? Y sin embargo no los niegan. ¿Quién ve la ley de gravedad? No se ve. Pero es innegable. Hay cientos de aseveraciones místicas que son tan innegables como estos descubrimientos científicos: mis esculturas a menudo son intentos de hacerlas provisoriamente visibles.

Agam no contesta directamente a mis preguntas. Rodea la pregunta y aparece por sitios inesperados. Antes de que el traductor comience a revelarme uno de sus largos párrafos, elaboro dos teorías al respecto. La primera es que Agam habla como un escultor: más que hablar, entrega amasijos abstractos de palabras, con significados simbólicos y a descifrar. La otra: el hebreo es conceptualmente distinto del castellano, no pueden armarse las mismas frases y a menudo las mismas palabras significan cosas distintas. En hebreo no existe el verbo "tener" en el sentido de posesión; para decir que se "posee" algo, se usa "está conmigo". "Esta valija está conmigo." Según el escritor Amos Oz, tal vez se deba a la inicial naturaleza nómada de los hebreos.

Cuando las palabras pasan de Agam al traductor y del traductor a mí, descubro que no debo tratar de entender demasiado, más vale que me pierda algo, más vale que interprete un poco y que no me preocupe por lo que no entiendo.

En su libro *Levantad, carpinteros, la viga del tejado**, J. D. Salinger narra uno de los tantos episodios de su extenso personaje, Seymour Glass, por boca de su hemano menor. El hermano pequeño juega a las bolitas con un amigo, contra el cordón de la vereda de una calle vacía en Nueva York, al atardecer.

> Un día, hacia el final de la tarde, durante ese cuarto de hora un poco espeso en Nueva York en que acaban de encenderse los faroles de las calles y se prenden las luces de estacionamiento de los coches —unas sí y otras no—, yo estaba jugando a las bolitas con un chico llamado Ira Yankauer, en la acera más alejada de la calle lateral, justo frente a la marquesina de nuestra calle de departamentos. Yo tenía ocho años. Aplicaba la técnica de Seymour, o trataba de aplicarla —el mismo pase de costado, el mismo modo de torcer la bolita en un amplio arco hacia la del otro— y perdía constantemente. Constantemente pero sin sufrir. Porque era ese momento del día en que los chicos de Nueva York se parecen a los de Tiffin, Ohio, que oyen silbar un tren a la distancia en el momento mismo en que la última vaca regresa al establo. En ese mágico cuarto de hora, si pierdes las bolitas simplemente las pierdes. Creo que Ira también estaba suspendido en el tiempo, y si fue así, todo lo que ganaba eran bolitas.

De pronto, llega Seymour, como una aparición, con sus diez años, y le dice a su hermano menor:

> "¿No podrías tratar de no apuntar tanto?", me preguntó, siempre de pie, allí. "Si le das cuando apuntas, será pura casualidad." Hablaba, se comunicaba, pero sin romper el hechizo. Lo rompí yo. Deliberadamente. "¿Cómo puede ser casualidad si apunto?", le respondí en voz no

* Salinger, J. D., *Levantad, carpinteros, la viga del tejado*, Buenos Aires, Sudamericana, 1973.

muy alta (a pesar de las bastardillas), pero con algo más de irritación en la voz de la que realmente sentía. No dijo nada por un momento, siguió balanceándose sobre el cordón, mirándome, lo supe de un modo imperfecto, con cariño. "Porque es así", dijo. "Te alegrarás si llegas a darle a la bolita —la de Ira—, ¿no es cierto? ¿No es cierto que te alegrarás? Y si te alegras al acertar con la bolita de alguien, quiere decir que en el fondo no tenías mayores esperanzas de conseguirlo. Así que tiene que haber algo de casualidad, tiene que ser bastante accidental".

No tratar de entender demasiado: ésa es la clave de mi barrio y de mi vida. Agam podría ser mi hermano mayor —que ahora enseña matemáticas en Nueva York—, aunque es el día y no el crepúsculo en el Once; la calle Ayacucho, sólo en el tramo hasta Viamonte, también podría estar hoy en Brooklyn, en un anochecer desierto, cálida y silenciosa. Al costado de su escultura, Agam instalará una escalera: la escalera de Jacob, por la que los hombres pueden subir y bajar del cielo. (Cuando el Jacob bíblico durmió en el desierto, y las piedras se peleaban por servirle de almohada, soñó con una escalera que comunicaba la tierra con el cielo, por la cual subían y bajaban los ángeles.)

—Pero lo cierto es que los que subimos, no bajamos —le digo—. Salvo Jacob. Usted se llama Jacob.

—La vida es lucha —contesta Agam—. El cuerpo es lucha entre los glóbulos rojos y los glóbulos blancos. No podemos sustraernos a este combate continuo. El cielo nos desafía.

—Después de todo —asiento—, el pueblo de Israel lleva ese nombre luego de que Jacob luchó contra un ángel de Dios y lo venció.

—El pueblo de Israel lleva el nombre de esa lucha eterna que no es sangrienta sino espiritual —responde Agam—. ¿Pero qué significa esa lucha: vencer la adversidad, vencer lo invencible, cumplir los preceptos? También hay treguas: el arco iris es un pacto entre Dios y el hombre. Un pacto de paz.

—Algo bien habremos hecho —digo.

Poco antes de la creación del Estado de Israel, Agam pasó dieciocho meses prisionero de los ingleses en el fuerte de Latrún. Por aquellos días, los caminos que comunicaban Jerusalem con las otras poblaciones estaban sembrados de francotiradores árabes que disparaban contra los pasajeros judíos. Era habitual ver un ómnibus volcado en la ruta, humeando y rodeado de cadáveres. "Esas imágenes fueron las que recordé al ver el hueco en el que había quedado convertido el edificio de la AMIA, cuando vine dos semanas después del atentado", dice.

"El monumento estará compuesto de nueve columnas ladeadas, y formarán distintas imágenes, según se las mire: una estrella de David, una estrella de David fragmentada, un hombre y una mujer, un candelabro y arco iris, y el logotipo de la AMIA", anuncia.

Con o sin lluvia, diez años atrás, para regresar a casa tenía que atravesar el Once, y mi pacto con este barrio es caminar. Es un lugar vivo y bullicioso. Los negocios apelotonados y las bolsas de plástico repletas de materiales ya inútiles. Los hombres intentando ganarse el pan y observando los efectos de sus vanas ambiciones. Los coreanos que le permiten al barrio cambiar y ser el mismo, un arco iris de caras y costumbres que me maravilla: inmigrantes eternos que conviven en un trozo de tierra dulce. A muy pocas cuadras, pero separado por un abismo de tranquilidad, respiraba aire negro el hueco profundo que dejó la explosión en la calle Pasteur. Hoy se ha vuelto a levantar el edificio, y en la entrada recibe al visitante la escultura que Agam me anticipó.

Aquel día de la charla con Agam, después de la conversación y del recuerdo de Seymour, la caminata me devolvía a una de mis convicciones incomprobables: este barrio permite a veces suponer que en el mundo nunca ha sucedido nada malo.

XVI

Coreanos, peruanos y bolivianos en el Once

Mi primer diálogo personal con un coreano fue gracias al ciclo televisivo "El otro lado". Yo trabajaba como investigador periodístico y Polo (Fabián Polosecki) propuso un programa sobre los orientales en Argentina.

Hablé con un muchacho de unos treinta y cinco años, de la Asociación Coreana, y de inmediato nos ofreció un *tour* diurno y nocturno por la avenida Cobo, donde hay un verdadero Corea-town: predominan los carteles con los signos hangui (las letras coreanas), los nabos en las verdulerías y los clubes nocturnos con karaoke.

Polo compartió una noche coreana con mi contacto, y terminaron cantando a dúo cerca de las dos de la mañana. Recuerdo que Polo me dijo entonces: "Vamos a pegarnos a ellos, porque los están tratando muy mal".

Aquel muchacho, llamémoslo Yun, llegó a la Argentina en barco, desde Corea del Sur, con no más de seis años, en la década del setenta, hablando un idioma con letras distintas de las del español. Había comenzado a trabajar y a adaptarse al país antes de terminar de conocer el idioma, sin otra colaboración más que su propio esfuerzo.

En su primera juventud, logró ponerse un almacén. Se las arreglaba, pero todavía no manejaba el castellano. Creía que la palabra "boludo" era un mote cariñoso, como "gordito". Cuando las vecinas venían a comprarle con el hijo en brazos, Yun pellizcaba suavemente el cachete del niño y decía con dulzura: "Qué lindo boludito". Perdió varios clientes hasta comprender el sentido de una las expresiones más clásicas de los argentinos.

Los primeros inmigrantes coreanos registrados en el siglo XX llegaron a partir de 1940, pero apenas por decenas; eran individuos sin familia, casi exclusivamente varones. Unos diez llegaron escapando de la guerra entre Corea del Sur y Corea del Norte, en 1950.

En 1965 llegaron a la Argentina las primeras familias coreanas. Eran veinte y constituían un total de unas cien personas. Se instalaron directamente en el campo, en Lamarque, provincia de Río Negro, dentro de un programa de inmigración agraria. La mayoría de ellos recaló finalmente en Capital Federal, aunque no sería sino hasta los ochenta cuando se establecerían de a miles en el Once.

Los coreanos que desembarcaban en la Capital en los primeros años de la década del ochenta llegaban de Corea del Sur, con dólares frescos y capacidad económica como para realquilar o comprar los locales de los vecinos en crisis. Se expandieron rápidamente en el ramo textil. Entre los ochenta y la actualidad, han funcionado miles de talleres textiles de dueños coreanos, la mayoría de ellos con local de venta en el Once.

Para muchos coreanos, la Argentina era una escala intermedia con Estados Unidos como destino final, y las recurrentes crisis económicas alentaron esta dirección. Pero otros tantos se quedaron para siempre entre Tucumán, Junín, Sarmiento y Pueyrredón. Hoy los coreanos en la Argentina son alrededor de 20.000, y el 98 por ciento vive en Capital Federal.

Cuando la crisis del 2001, la caída de la convertibilidad, la caída de De la Rúa y el desesperante caos social, me acordé de Polo. En realidad, siempre me acuerdo de él. Pero en esa ocasión, me acordé específicamente de aquel comentario cuando entrevistamos a Yun: "Vamos a pegarnos a ellos, porque los están tratando muy mal".

En aquel diciembre terrible del 2001, en la pantalla del televisor se veía a un coreano llorando en la puerta de su minimercado destruido. Lo habían saqueado y destrozado, y su condición de coreano no era ajena a la barbarie de la que lo habían hecho víctima. Podían escucharse comentarios tales como que, "aun siendo coreano", no se justificaba romper todas las reglas, actitud que en "última instancia" terminaría perjudicándonos a los "argentinos" en general.

A mí me gusta ver caras distintas, letras distintas, sentir olores de comidas distintas en mi barrio. Por eso subo al comedor coreano de la calle Sarmiento, a una cuadra de Pueyrredón, antes de que el Once se abra a esa avenida voraz. Hasta allí me ha llevado mi amigo el Gallego.

"Gallego" no es un falso gentilicio; es gallego de Galicia, del pueblito de Lois, Pontevedra. Si el Once tuviera un anfitrión único, sería el Gallego. Regentea su papelera y vive en el barrio desde comienzos de los setenta, pero parece que el Once lo hubiera inventado él.

Es el más judío de los gentiles, y posiblemente más judío que muchos judíos también. Se lleva mejor con los ortodoxos que muchos de sus vecinos semitas, y conoce mejor las tradiciones. A veces se me da por decirle que tal vez sus antepasados… pero me corta en seco: ¿por qué habría de necesitar ancestros de tal o cual procedencia para ser como es? Él es español. Ni siquiera se ha nacionalizado argentino, y ya lleva más de sesenta años viviendo en este país.

Judíos y coreanos lo eligen para los negocios, para la charla y para recibir consejos. Los peruanos le cuentan sus historias de vida como si fuera el encargado de compilarlas en la enciclopedia del barrio. Los coreanos, desde mediados de los setenta, y en su llegada masiva en los ochenta, lo eligieron como operador para cambiarle los dólares por pesos. Por qué los coreanos eligieron al Gallego es un misterio que, como decía Maugham, comparte con el universo el mérito de no tener respuesta. Yo también lo elijo cuando quiero saber algo del Once. Esta vez, le pedí que me lleve al comedor que parece escondido.

Para llegar al comedor *Nulboom* (Siempre Primavera)

hay que subir dos pisos por escalera y el escenario cambia radicalmente. Abajo, mientras caminaba por Castelli hacia Sarmiento, eran coreanos en el Once: un negocio al lado de otro, telas rojas, el azul de los jeans de fabricación propia, camperas, camisas, calzoncillos, bijouterie; más negocios que metros cuadrados, más mercadería que aire, todos atendidos por coreanos, con nombres vulgares o con un significado oculto al transeúnte desprevenido (P.A.T, Tabon, The Best, To de Castelli, Excell, MindLeé, Coretex, Twings, Hitline, Light, Mepsina...), pero en un mundo occidental, de ojos redondos. Subir los dos pisos hasta el restaurante oculto, en cambio, es acceder a otro mundo: el Gallego y yo somos los únicos ojos redondos y todo está escrito en hangui.

El salón es austero, despojado. Parece un comedor universitario.

El Gallego me ha presentado a su amigo Hyung Yung Pak, comerciante y escritor. Pide lo que ellos llaman, en español, "asado coreano". Nadie me pregunta qué quiero beber, pero nos sirven un vaso de agua fría a cada uno. Mejor así.

Dejan sobre nuestra mesa una docena de platitos. El asado coreano consiste en carne de vaca semidulce (bulkoki), carne de cerdo semidulce también (yeuk bokun), pescado frito (sengsun gui), una suerte de vegetal similar a la acelga, el akusai, muy bien condimentado (kim-chi) e, infaltables, nabos cortados en cubos con un condimento rojo de alta graduación.

Hyung Yung Pak, por más que yo no quiera, me invita a conocer a sus paisanos. "¿Para qué?", le digo. "Son parte de tu barrio", me responde, luego de pagar la cuenta. "Pero yo no necesito hablar con ellos." "¿No estás escribiendo la historia del barrio?" (su castellano es peor que mi inglés). "'*Una* historia del barrio", recalco. "Esto es el presente", insiste. Me ha invitado a comer; no puedo decirle que no. Además, parece que no hay postre. Salimos. Nos vamos a ver a H. S. Lee.

H. S. Lee es un operador inmobiliario en el Once, con local en las primeras cuadras de la calle Azcuénaga.

Me interesa saber por qué los coreanos eligieron el Once.

Para Lee, un factor importante es la relación entre la actividad comercial y el idioma. Como llegaron a la Argentina sin conocer una palabra de español, necesitaban un trabajo que no los obligara a hablar demasiado: "El comercio no requiere de grandes argumentos, sobre todo cuando la mayoría de las ventas son al por mayor", reflexiona. "Además, el comercio funciona como una escuela de idioma. Tener un negocio a la calle con una actividad permanente genera diálogos con muchísimas personas y eso ejercita el lenguaje. Ganás plata y, de paso, aprendés a hablar.

"Cuando llegamos a la Argentina, el Once ya era un centro comercial importante de Buenos Aires, creado por la colectividad judía", dice Lee, para agregar que la historia de los inmigrantes judíos y la prosperidad comercial que alcanzaron fue un ejemplo y una motivación para ellos. "Los primeros coreanos que llegaron aquí quisieron y trataron de hacer algo parecido a lo que habían hecho los judíos.

"Son dos comunidades a veces muy parecidas y a veces muy distintas. Las dos siguen sus costumbres y tradiciones, y nunca las dejan de lado."

Lee asegura que la relación con los judíos del Once es muy buena: "Ya se conocen las dos partes y trabajan en un mismo lugar". "Competencia comercial siempre va a haber", confiesa, "pero la que existe entre coreanos y judíos no es mucho más grave que la que existe entre los mismos coreanos o entre los judíos." Por otro lado, los comercios de coreanos tienen clientela judía, y contratan contadores y abogados judíos. Y esto también se da al revés. "En esta generación de coreanos hay varios que somos profesionales y no estamos detrás de un mostrador, sino que damos servicios a muchos comerciantes del Once." El contacto se da también en el aspecto social: "Hoy es común que la gente de ambas comunidades se invite a casamientos o a eventos importantes".

La presencia de los bolivianos y los peruanos en el Once creció durante los noventa; muchos llegaron con la convertibilidad, para mandar a la familia los dólares que se ganaban en Argentina.

"Los bolivianos están creciendo bastante", dice Lee. "Antes trabajaban para los coreanos, ahora se avivaron. En vez de trabajar bajo un patrón, fabrican y venden ellos mismos. Se dieron cuenta que podían ganar mucho más juntándose entre ellos. Y con lo que ganan compran máquinas y forman pequeñas empresitas, que hoy están en desarrollo. Ellos hacen su vida y me parece que tienen muchísimas menos pretensiones de crecimiento social que los coreanos o los judíos. Se conforman con mucho menos."

A los peruanos no los conoce demasiado, pero de todos modos tiene algo para decir: "La mayoría se emplea en casas de familia o comercios. O son vendedores ambulantes. Cuando se terminó el 1 a 1, se perjudicaron mucho. Antes ganaban en pesos que eran dólares, y los mandaban a su país. Hoy eso es imposible".

"Con los peruanos hubo pica", me dice después el Gallego, "porque son vendedores ambulantes en este sector del Once, esos que venden ropa o peluches en Castelli; y entonces no tienen que mantener un local, ni pagar impuestos. Y eso se ve como competencia desleal. Los bolivianos, en cambio, trabajan para los coreanos, o comienzan a poner sus propios negocios."

Los coreanos, que llegaron escapando de la superpoblación, o de la falta de oportunidades en la Corea de los ochenta, o buscando el ascenso a Norteamérica vía Latinoamérica, sufrieron, como cualquier argentino, la crisis del 2001.

Francisca es dueña de un negocio de ropa en el Once.

Con la boca redonda, la piel blanca y los ojos rasgados de un dibujo de Manga, me cuenta que durante la convertibilidad mandó a sus dos hijas a estudiar a Estados

Unidos, pero que después del 2001 tuvo que vender su segundo negocio para terminar de pagarles los estudios. Ahora las chicas deben arreglárselas solas.

"Algunos de los negocios que alquilamos, o compramos, eran de judíos que, cuando les fue muy bien, se fueron para Palermo, para el Botánico o para Belgrano; y cuando les fue mal, se juntaron con los judíos de Flores."

La economía no sabe nada de composiciones étnicas, pero la determina. Los judíos ascendían o descendían, a Belgrano o a Flores; también a Israel, donde se fueron muchos judíos pauperizados, sin nada, con la crisis del 2001. En el caso de los coreanos, la mayoría de los que abandonaban el Once elegían EE. UU.; o el regreso a Corea, que seguía despegando como uno de los tigres asiáticos.

José llegó a Buenos Aires doce años atrás, desde Cuzco, porque la vida como empleado de la empresa de Aguas se hizo difícil. También era artista. Pero bailar para turistas en el Machu Picchu dejó de ser redituable. El gobierno ofrecía un plan para retirarse, aceptó la plata y viajó al país que sus amigos describían como la tierra de Jauja.

Con el 1 a 1 peso-dólar, Argentina era un imán irresistible para sus vecinos. Los peruanos llegaron de a miles. Era la época en que las telas apenas se percibían en las vidrieras de las calles Paso o Tucumán, por la cantidad de carteles que pedían empleados. Hoy viven alrededor de 200.000 peruanos en Argentina.

José empezó como ayudante en un taller de confección de ropa y llegó a ser corredor.

Antes del taller, José vendió mercadería en Pasteur y Perón. La policía le robó dos bolsas con mercadería; dos mayoristas no le pagaron lo que le prometieron; y otro casi le clava un puñal.

"Los judíos me contuvieron, pues", dice refiriéndose a la época en que comenzó a trabajar en el taller. "Me han invitado a sus casas, me han hablado del exilio, me entendieron cuando les hablaba de que me sentía discriminado, me han invitado a sus fiestas."

—¿Fue?

—No, porque no me agradan los platos que preparan. Por eso, para no faltarles el respeto siempre evité ir.

Algunos de sus amigos volvieron a Perú cuando el dólar resultó esquivo. Y algunos de sus amigos judíos se fueron a España o a Israel. Esos con los que se juntaba en un bar peruano de Corrientes y Pringles.

—A ellos sí les gustaba la comida peruana; el ceviche les encantaba.

—¿Y usted nunca se animó a probar sus platos?

—Nooooo. Una vez me invitaron a la navidad de ellos, que festejan otro día. Fue un señor judío que le dio empleo a mi sobrina como mucama. Utilizan otros condimentos, me dio impresión. Aunque me gustaría conocer un templo judío.

José trabaja, hace once años, en una empresa de correo privado. Empezó limpiando y llegó "a donde usted me ve, encargado de cartas y encomiendas. Con dos hijas en la universidad y una mujer con kiosco propio en el Once".

Para José, el Once se parece al Cuzco. "Ahí hay turistas que van de paseo", dice. Y en el Once también hay turistas, con otro objetivo: trabajar. "Pero es lo mismo. Yo estoy acostumbrado a la sensación de estar de paso. Allá había alemanes y holandeses. Acá, todo tipo de colectividades. Todo es muy cosmopolita."

El Coto de la esquina de Jujuy y Rivadavia es todavía testigo de los encuentros entre José y los peleteros y confeccionistas que lo protegieron cuando el barrio le resultaba un lugar hostil. "El judío tiene en el fondo de su corazón la idea de un pasado ancestral. El peruano, aunque no vuelva nunca a su tierra, también."

Más del 70 por ciento de los emigrantes de Bolivia, eligen como destino la Argentina. Raúl supo que su mejor amigo era judío cuando un mediodía le explicó por qué no podía comer chicharrones, la comida típica de Bolivia, hecha a base de cerdo frito.

Caminaban desde el colegio hasta la pensión de Uriburu y Sarmiento, donde la familia de Raúl se había instalado cuando llegaron de La Paz: una habitación de dos ambientes donde convivían la abuela, la madre y un hermano. Y una cocina y dos baños compartidos con el resto de los huéspedes de paso, en su mayoría bolivianos. Aunque dejaron de verse y de esa época han pasado casi veinte años, Raúl sigue pronunciando "Itzrael", como lo hacía su amigo.

"Para mí fue mucho más difícil mudarme del Once a Paternal, que de Bolivia a Buenos Aires. Apenas llegamos con mi mamá, en 1986, nos instalamos en la pensión. En el Once nunca me sentí sapo de otro pozo: ni en el colegio ni en la plaza de Pichincha entre Yrigoyen y Alsina, donde jugaba a la pelota con otros chicos.

"Mi papá había viajado antes y decía que había gente que no trataba bien a los bolivianos. Yo no le creí... hasta que dejé el Once. En el colegio de Paternal me miraban raro, se burlaban de mi acento, no se *amigaban* conmigo. Ahí me di cuenta que el Once era un lugar muy especial porque no había uno distinto. Todos éramos distintos y eso nos hacía sentir iguales."

Su primer acto de independencia fue dejar Paternal y volver al viejo barrio conocido, donde los sábados, recién a las seis de la tarde, aparecían el arquero y el defensor del equipo. Se anotó en el instituto Lincoln, de Tucumán y Junín, para terminar el secundario en el turno noche. De día trabajaba como cadete en un laboratorio de una empresa química, en Córdoba y Paso. Los dueños eran judíos, estaba en el Once. Se sentía en casa.

"Los dueños del laboratorio me contaron que pasaron por cosas terribles, muy duras, de terror, pero nunca perdieron la alegría. Los padres del dueño de la fábrica textil donde trabajó mi hermano tenían tatuados un número, como las vacas, como animales. Y siempre parecían felices. El pueblo boliviano es igual: por más pobres que seamos, por más tragedias que pasemos, siempre vamos a festejar el carnaval y a celebrar. Siempre. Ni ellos ni nosotros perdemos la alegría."

Cuando terminó el secundario, Raúl quiso estudiar Psicología. Pero el sueldo de cocinera de la madre no alcanzaba para mantener a la familia. Y Raúl tuvo que trabajar: primero de repositor en un supermercado, después en una empresa que le pagó cursos de *merchandising*, luego en otra que lo tentó con un mejor sueldo, para terminar en una de Paternal. El Once, una vez más, se le cruzó disfrazado de oferta laboral. Y volvió.

Dice que está más sucio y más ruidoso que antes. Que ya casi no hay bolivianos en la zona porque se mudaron todos a Liniers y, como prueba de esa migración, hay sólo un restaurante en el que puede comer chicharrones decentes. La sensación de pertenencia, sin embargo, sigue intacta.

"Tuve una novia argentina muy dulce, pero no congeniamos, por una cuestión de idiosincrasia. Ya cumplí treinta y un años. Casi veinte en el país. La mitad en el Once. Y a fin de año me caso con Delhi: boliviana."

Félix no quiere saber nada con su Perú natal: "Yo no quiero volver a Perú. Anda mal. Ya tengo todas mis cosas acá, estoy bien de laburo, tengo estabilidad. Yo ya le dije a mi señora que si me muero no me manden para allá: sale un huevo el pasaje". A diferencia de la mayoría de los habitantes de las calles comerciales del barrio, vive en el Once pero trabaja en Villa Crespo, en una fábrica de lana.

"Nací en Lima en 1971 y estoy aquí desde 1999. Vine a la Argentina para trabajar porque allá no te daban las posibilidades que te dan acá, aunque acá tampoco es fácil. Primero vino mi señora a trabajar en una casa de familia, luego me mandó plata y pude venir yo. Lo que se sufre es dejar a la familia. Tengo dos hijos, la mayor es peruana y el nene es argentino."

Félix vino en avión como turista y se quedó como ilegal. "El problema es que te den el documento." Y sin documento ni radicación, es difícil conseguir trabajo. "Laburé de cualquier cosa: vendí cosas en la calle, en supermercados, lavaderos. Con el documento encontré laburos mejores.”

Cuando llegó, paró en un hotel en el Once que estaba “lleno de peruanos”.

“La pasé bien desde el comienzo. No tuve problemas en integrarme. Mi hija tampoco tuvo problemas, pero conozco peruanos que son discriminados. A la hija de un amigo le dicen ‘negra’, ‘gorda’, ‘morocha’.”

Félix trabajó con salteños y coterráneos suyos en un negocio de telas cuyo dueño era judío. “Un día, un salteño, que era el capataz, nos dice: ‘Vamos, negros de mierda, trabajen’. Eso a mí no me gustó. Y después de dos o tres días de lo mismo, lo enfrentamos y le preguntamos por qué nos decía negros, si él era más negro que nosotros y estaba laburando igual que nosotros. Aparte, ninguno de nosotros éramos negros, sino morochos.”

Con los conflictos que puede haber vivido, Félix está a gusto en el Once. “Es un barrio tranquilo”, dice. “Tengo todo cerca. Lo único que me da temor es cuando mi hija va al colegio a la mañana y pasa por un bar que está lleno de borrachos. Pero me gustaría quedarme siempre aquí.”

Aunque yo prefiero la tolerancia de la indiferencia antes que los conflictos de la comunicación, a la gente del Once no le importan mis teorías. Y ahora que comencé a escucharlos, ya no me quiero ir.

Por eso invité a dos peruanos, amigos del Gallego, a comer en el restaurante de comida peruana a la vuelta de mi estudio. Es cierto que las discotecas peruanas no son mi sitio favorito: abundan los borrachos y las trifulcas, y más de una vez, a la salida, vi a un hombre pegarle a una mujer. Pero los restaurantes me atraen; desde los nombres hasta los olores.

El ají de gallina me gusta por lo picante, y el anticucho (corazón de res), por lo exótico. Llegan Pedro y Marta, juntos. Me sugieren, de entrada, ocopa arequipeña (una suerte de papa a la crema, pero con el toque del guacatai, una hierba verde, arisca, fuerte y sabrosa) y la causa limeña (también con papa, pero con capas de papa, como podrían ser las capas de una tarta, con un relleno de atún).

Comemos como tres paisanos: tres habitantes del barrio de Once. Decía que ellos no se interesan por mis teorías porque la interrelación sucede y ya estoy lejos de practicar la indiferencia. Pedro, contratado por un coreano del Once, me cuenta que viajó a Corea para trabajar como operario en una fábrica de vidrio.

—¿De objetos de vidrio? —pregunto.

—No, de vidrio puro. Era una ciudad a unos pocos kilómetros de Seúl, como acá podríamos decir La Plata. Dormía en un container, una especie de casa rodante, pero sin cama, junto a otros trabajadores inmigrantes de todas partes del mundo. No había cama ni colchón: allá se duerme sobre una manta caliente. Me pagaban treinta dólares por día y trabajaba ocho horas, con el domingo libre. Cuando salía del trabajo iba al sauna, que era muy caro, doce dólares; pero una vez por semana los empleadores me lo pagaban. Seúl es una locura: una ciudad con vértigo, llena de luces, lugares bailables que te enceguecen, *strippers*. Había locales de *strippers* donde comprabas un número al entrar, porque rifaban una mujer para los hombres y un hombre para las mujeres. O como vos quisieras.

Pedro juntó unos cuantos dólares, pero el ritmo de vida y la soledad se le hicieron insoportables. Volvió corriendo al Once a vender garrapiñadas en la galería de la calle Castelli.

Marta, por su parte, viajó a Israel para trabajar como *baby-sitter* de los hijos de su ex empleador, un judío que hizo Aliá sin llegar a perderlo todo. En Israel, como en buena parte del Primer Mundo, no son habituales las *baby-sitter* ni las empleadas domésticas. De algún modo la gente se las arregla sin estos auxiliares, que para la clase media porteña son imprescindibles.

De mutuo acuerdo, Marta abandonó el empleo con el que había llegado a la ciudad marítima de Haifa, y se fue a hacer trabajos de limpieza en una pizzería de Tel Aviv. Allí trabó relación sentimental con un judío venezolano, pero las cosas llegaron a su fin cuando estaban por casarse. Finalmente, Marta decidió regresar al Once.

Pedro y Marta me cuentan la historia de un coreano al que llaman Pepsi, con el que no se puede hablar porque es parco y brusco pero que, me revelan, participó en la guerra de Vietnam. Así me entero de que todos los meses, un pequeño grupo de ex combatientes coreanos de la guerra de Vietnam se reúne en algún lugar de la calle Cobo.

La papa, descubro, es soberana en la cocina peruana. Para el plato principal quiero bajar los decibeles de pesadez. No lo consigo: me pido un "Cangrejo reventado" sin consultarlos, y resulta un "sopón" de cangrejo, caliente y espeso, con la recompensa de verdadera carne de cangrejo flotando en el caldo. Dieciocho pesos no está mal para comer cangrejo en Buenos Aires.

Creo que el Once no sólo los ha traído a la Argentina, les digo manteniendo mi ya repetida metáfora del centrifugador, sino que también los ha disparado a Corea y a Israel. ¿Desde qué otro barrio podrían haber zarpado hacia esas tierras? Yo no tengo la menor idea de cuándo voy a poder visitar Corea.

Luego del postre —mazamorra morada— me apersono en el negocio de Francisca para inquirirla acerca de los veteranos coreanos de la guerra de Vietnam. ¿Cómo es eso? ¿No era en la guerra de Corea donde habían luchado entre sí los coreanos? ¿Por qué hay veteranos coreanos de la guerra de Vietnam, con negocio en el Once, que se reúnen en la calle Cobo? ¿Por qué no son veteranos de la guerra de Corea? Francisca me recuerda que los ex combatientes de Corea eran adultos en los cincuenta, y que ahora son personas ya muy mayores o están muertos. Mientras que los ex combatientes de Vietnam todavía tienen edad para reunirse. Me explica que Norteamérica hizo un convenio con Corea del Sur para proveerla de ventajas económicas y políticas a cambio de reclutas coreanos para pelear en Vietnam. Y algunos de ellos, efectivamente, trabajan hoy en el Once.

Las memorias que cobija este barrio son más vastas que mi imaginación.

XVII

El camino del arrepentimiento

La mayoría de los religiosos judíos, hombres y mujeres, que caminan por las calles del Once, descienden también de familias religiosas. Pero una consistente minoría proviene de familias laicas; aunque caminan por el barrio con tafetán negro, sombrero, trenzas tras las orejas y barba perpetua, fueron alguna vez mundanos. Aquellos que crecieron como judíos laicos y optan por el camino del judaísmo ortodoxo son llamados Javer Tchuvá, expresión que puede traducirse como "muchacho que demuestra arrepentimiento" o "muchacho que retorna a las raíces".

Mi amigo Sergio vivía en Belgrano antes de regresar, no sólo a la tradición de los judíos del siglo XVII en el este europeo, sino al Once, adonde habían llegado inicialmente sus abuelos a mediados de los treinta. Sergio compartió conmigo bailes de adolescencia, salidas y los comentarios habituales sobre nuestras primeras experiencias con mujeres. A propósito, era un hombre con éxito en ese terreno. Dejamos de vernos alrededor de los dieciocho años, cuando un día, carente de vocación y de trabajo, viajó a Israel, más para cambiar de aires que por algún objetivo concreto.

Pasó allí un año y medio. Visitó la India, regresó a Jerusalem y una noche, pegado al Muro de los Lamentos, desesperado por la simple soledad existencial que a menudo se presenta como una compulsión anónima en los jóvenes, cerró un pacto con Dios que mantiene al día de hoy: se puso las ropas negras, comenzó a cumplir los 613 preceptos que indicá la Torá y regresó a la Argentina como un Javer Tchuvá. Aceptó un matrimonio concertado por un rabino, y hoy es padre de cinco hijos. Tenía veintitrés años cuando volvimos a encontrarnos.

Durante un tiempo, la comunicación era una confrontación. Cuando me invitaba al shabat, en su casa, yo quería comer antes de que acabaran de cantar. Me resultaba falso el sonsonete en el que rezaba. No creía en la alegría con que recibía el día de descanso. Comenzaron unas discusiones de las que hoy me avergüenzo.

Sergio explicaba el mundo según la voluntad de Dios. Las guerras de Israel se habían ganado por gracia de Dios. Algunas de las peores tragedias sufridas por los judíos también eran parte de una secreta estrategia divina. Mi propio agnosticismo era una decisión del Todopoderoso, con propósitos que, según Sergio, ninguno de los dos alcanzaba a comprender. Se negaba a visitar mi casa por las imágenes y los libros paganos.

Para Sergio, lo fundamental era leer la Torá y dejar que Dios proveyera, y yo insistía en buscar estrategias presentes y concretas para atravesar el día a día. Ninguno de los dos estaba dispuesto a aceptar en silencio las visiones contrapuestas. Dejamos de vernos durante un par de años.

Un día nos encontramos en Sukath David, el restaurante sefaradí, estrictamente kosher, de la calle Tucumán. Yo comía solo, leyendo el diario, como siempre. De pronto descubrimos que no saludarnos era incluso más violento que las tantas discusiones que nos habían separado. Mi agnosticismo había amenguado: ahora creía que la vida y la libertad eran sagradas, y que su sacralidad era extracultural. Sergio, por su parte, había perdido el miedo por el peligro que el laicismo —que había sido su propia vida durante dieciocho años— representaba para él; y ya no trataba de conquistarme como si fuera un evangelista. Podíamos hablar de política sin que mencionara a Dios a cada segundo, y yo no me sentía tentado a negar la influencia de Dios a cada rato. Estábamos en un restaurant kosher.

De pronto, solté una frase que renovó nuestra amistad:

—Encontrémonos donde podamos encontrarnos.

El restaurant kosher, después de todo, era un territorio neutral: a mí me gustaba porque en ningún otro sitio preparaban el humus (puré de garbanzo) ni el bazargan (pulpa de tomate con trigo) como en Sukath David, y además porque comer en el mismo sitio que los practicantes estimula mis sinapsis literarias; y Sergio porque no puede comer en ningún otro lado (incluso entre los restaurantes ortodoxos, hay algunos que son considerados más ortodoxos que otros).

En mi interés por mis propias raíces, encontré en Sergio una fuente permanente de información con sentido. Sergio volvía a interesarse en algunos asuntos políticos, y yo era su fuente comprensiva.

Sergio camina todos los días desde su casa en Azcuénaga, entre Tucumán y Lavalle, hasta el templo en Viamonte y San Luis, donde realiza el primer rezo de la mañana y dedica el resto del día al estudio de la Torá. Luego dicta clases a jóvenes judíos que también hicieron Tchuvá, y pasa la tarde vendiendo telas en el negocio de su suegro. Antes del anochecer regresa al templo. Se lava las manos ritualmente antes y después de comer, y respeta el shabat.

Un halo que el Once sin duda dejará en la historia es su combinación entre el bullicio del comercio y el silencio de las calles sembradas de sinagogas. Lo que a mí me gusta es que estos dos climas no son excluyentes, sino complementarios. Los negocios y la religión no van separados en la tradición judía: el hombre debe trabajar y comerciar para vivir, y la religión le brinda la base ética y las reglas para que los negocios sean en mercancía y no en sangre, con palabras y no con golpes, con límites y no con rapiña. En esa mezcla me crié, y la prefiero por múltiples razones: me siento cómodo en la clase media; me gusta pasar del rumor alocado y los colores apelotonados de los comerciantes y de las telas al silencio observante; me gusta ver el dinero cambiando de manos y a los comerciantes hablando en lunfardo de mujeres y de ganancias, de los partidos de fútbol del domingo y de los lugares donde comer o donde encargar la comida para el mediodía. Son un gráfico animado de la vida cotidiana y el sentido común.

Los negocios de telas, mayoría en el Once, aparecen en cadena, pegados, y los rollos de tela de uno se tocan con los del otro. Están colmados de mujeres de todas las edades que vienen desde el Gran Buenos Aires y desde las provincias para comprar barato y vender lo último en sus lugares de procedencia. (No sé por qué, pero cada año que pasa mejora la apariencia de las compradoras de telas y prendas baratas.) Los comerciantes del Once fabrican jeans, camisas, calzoncillos, medias, remeras, camperas, y las venden con nombres norteamericanos a precios nacionales. Salvo camisetas para dormir, nunca les he comprado nada, pero me gusta verlos vender.

De camino al estudio, después de pasar Hebraica, por Sarmiento, ostentan sus novedades las casas de electrónica y herramientas.

A mis nueve, diez, once años, me volvía loco recorriendo ese breve espacio de Sarmiento dedicado al futuro, a los artículos importados: destornilladores del tamaño de un meñique, grabadores que se activan con la voz humana, *walkie-talkies* profesionales... Lo curioso es que estos avanzados pero generalmente para mí inservibles dispositivos tecnológicos, aunque no han variado con el correr de las décadas, me siguen pareciendo novedosos.

Los pequeños grabadores son los mismos que hace veinte años —claro que en cajas de diseño moderno—, los destornilladores con luz ya estaban en los setenta; y los auriculares y los contestadores automáticos han cambiado mucho menos que yo. Pero de todos modos sigo atravesando ese pequeño tramo de la calle como si fuera un parque temático futurista. Sin ir más lejos, para trabajar en este libro me compré un minigrabador taiwanés.

Una cuadra después de las electrónicas, empiezan las jugueterías.

Sobre el final del año lectivo, había visto en el supermercado un hacha de plástico ideal para las fantasías de mi hijo de siete años. Pensé en comprarla unos días más tarde, pero ya no la pude encontrar. Un anochecer, de regreso, la divisé en una de las jugueterías de Sarmiento, entre Azcuénaga y Larrea. Me lancé a comprarla, pero el dueño del negocio me informó que no vendían menos de veinte unidades.

—No voy a comprar veinte —dije—. Pero te compro una a precio minorista.

El hombre negó con la cabeza. El hacha, por veinte, valía tres pesos la unidad.

—Te pago seis pesos —oferté.

—Es que no puedo desarmar los paquetes —replicó casi con pena.

—Diez pesos por el hacha —subí.

—No es una cuestión de plata —se mantuvo firme.

"¿Y entonces de qué?", pensé. Pero no lo dije. En cambio agregué:

—Veinte pesos.

Siguió negando, en silencio; lo miré fijo y finalmente solté:

—Yo escribí el guión de *El abrazo partido*.

El hombre primero dudó: no sabía de qué le estaba hablando. Pero luego recogió la información y le brillaron los ojos.

—Esa película la filmaron acá a tres cuadras.

—Y a dos cuadras también —dije.

—Salem, el del negocio de Pasteur, actuó de extra.

—Sí —mentí—. Lo conozco...

El hombre separó el hacha de mi hijo de la tira de veinte. Preparé mi billete de veinte pesos.

—No, qué hacés —me dijo—. Dame tres pesos.

Cuando abandono el remolino de Castelli, el tramo de Sarmiento implotado de negocios, el racimo de textiles de Paso, y llego a la mítica Tucumán, a la zona textil de Lavalle, esperan, más que se alzan, las sinagogas, la de Lavalle al 2400, fundada por sefaradíes de Alepo, Siria, que está allí desde 1936. Docenas de sinagogas y casas de estudio: La Sucath David, en Tucumán y Pueyrredón, que nació de una escisión —una disputa religiosa— de la comunidad del templo de Lavalle, en 1949. La Tefilá, conocida como "Pasito" (para diferenciarse del gran templo de Paso, en la calle homónima, entre Corrientes y Lavalle), entre San Luis y Viamonte. La Jevre Mishanie, en Tucumán y Uriburu, fundada por los askenazíes en el 1900, en la que hoy sólo rezan ancianos. Sobre Pueyrredón, al 600, pervive una sinagoga fundada inicialmente en el microcentro porteño: es el templo Etz Hajaim, iniciado en 1905 por una comunidad de judíos sefaradíes que hablaban ladino y español.

En el templo Tchuvá Israel, en Ecuador y Lavalle, se realiza una ceremonia que yo creí exclusiva de la Europa oriental anterior al siglo XXI, y propia de los libros y no de Buenos Aires: los utensilios recién comprados —tenedores, ollas, platos— se purifican mediante un baño ritual. En una suerte de tina rectangular, con paredes de mosaicos, en donde apenas si entraría un hombre parado, se hunde el utensilio que se acaba de comprar, antes de ser utilizado por primera vez.

En la misma casa, hay una pileta para el baño ritual de los hombres: sólo están obligados a sumergirse la noche previa al comienzo de Iom Kippur (el día del perdón, el más sagrado del calendario hebreo). Las mujeres, en cambio, deben pasar por la Mikve todos los meses, quince días después de comenzada la menstruación, y tienen su propia casa de baños, en Larrea entre San Luis y Viamonte.

Sobre Tucumán, viniendo desde Boulogne Sur Mer, antes de llegar a Pueyrredón, en los últimos años han abierto dos casas de comida kosher: una panadería y una rotisería. En diagonal, mantiene su bíblico nombre la pescadería kosher del barrio: Leviatán.

Ya cae el sol y yo abandono el sendero de los practicantes: sobre Pueyrredón, entre Tucumán y Lavalle, aún me aguarda abierto un anticuario de revistas, libros y cachivaches: vende figuritas de "Titanes en el Ring" y otros souvenires del pasado.

XVIII

Mi propio camino

Argentina jugaba su última oportunidad en el Mundial, el 12 de junio de 2002, contra Suecia. Teníamos que ganar o ganar. El estadio era en Taejón, Corea del Sur, y en Buenos Aires el partido caía a las tres y media de la mañana. Con dos amigos, casados con hijos, decidimos una cena de hombres solos en la Viña del Abasto, en San Luis y Ecuador, y luego hacer tiempo en una heladería de Caballito, antes de llegar por la madrugada a la casa de uno de ellos para clavarnos frente al televisor.

Mientras cenábamos en esa esquina gastronómicamente cosmopolita del Once —la cantina se especializa tanto en los pollos de la mejor tradición española como en los mostacholes de procedencia italiana—, hice el chiste de Orson Welles en *El tercer hombre:* comenté que la neutralidad en las guerras había privado a los suecos de su capacidad ofensiva. Pero mis amigos me recordaron que, en la película, Welles se refería a los suizos, no a los suecos; de modo que lo mejor era que me callara. Como anticipo de una segura victoria, dejé una propina exuberante. Lo exuberante terminó siendo la derrota.

Salí a las cinco y media de la mañana para mi estudio, pensaba dejarme dormir unas horas y ponerme a trabajar como si nada hubiera pasado. Pero apenas si podía caminar.

El país recién trataba de asomar la nariz por fuera del agua y nos habían sacado del Mundial con un 1 a 1. No es que mi interés por el fútbol sea desesperante, pero en los Mundiales consigo los fixtures y aconsejo a los nuestros hablando con el televisor. En aquel 2002, el Mundial me importaba especialmente porque, mientras funcionáramos en ese campeonato, Buenos Aires se teñía de una euforia, de un remedo de alegría, que me hacía falta como una vitamina.

Estaba en la Loma del Embudo, de modo que caminé sin rumbo esperando que mi barrio me atrajera magnéticamente como a un hijo pródigo, aunque no lo fuera. Puedo asegurar que no miraba por dónde iba, pero de algún modo las calles fueron cambiando. En un momento me encontré en Tucumán y Agüero, donde todo este recorrido comenzó, en el colegio Dr. Hertzl —en el que no pasé del primer grado—, ahora convertido en una sede de la UBA; unos pasos más adelante, por Tucumán, persistía el club Macabi. Ya había conseguido ubicarme, y decidí desayunar en un bar de Corrientes que seguro estaría abierto. Avancé por el tramo de Corrientes que es la cara visible del Once comercial.

En la madrugada helada, era el único habitante de la derrota. Sólo me acompañaban las luces falsas de los negocios cerrados (esas luces que permanecen prendidas, absurdas, durante toda la noche), los montones de cajas de cartón vacías en las puertas y los cartones cilíndricos de los estuches de tubos de luz. Parecía el final de una guerra en la que los contendientes hubiesen batallado arrojándose cajas y utilizando los cilindros de cartón como espadas. Una guerra en que ambos bandos habían perdido.

Creo que ninguna película me ha gustado más, me ha enseñado más y me ha inspirado más que *Érase una vez en América*. Hay muchas otras películas importantes en mi vida, escenas, diálogos y climas que me impactaron y dejaron huella. Pero *Érase una vez en América* me aportó una cosmovisión que no ha envejecido conmigo. Con el transcurso de los años, me fui desprendiendo de ideas políticas, filosóficas y sentimentales, pero la trama, la música, las imágenes y los diálogos de esta película permanecieron como un manifiesto irracional, un microscopio o telescopio, un refugio cuando las circunstancias superan mi entendimiento.

La película comienza cuando David "Noodles" Aaronson (Robert De Niro), miembro de una pequeña banda de gángsters judíos del Brooklyn de la época de la Ley Seca, regresa a su ciudad treinta años después de haberlo perdido todo: su posición, y sus amigos y su mujer, asesinados por otra banda de gángsters. Noodles aparece en la misma estación de trenes de donde partió treinta años atrás, con la melodía de *Yesterday* sonando a sus espaldas. Su primera parada es el bar del gordo Moe, y allí, demudado, perplejo, el gordo Moe, el extra de la banda, le pregunta a Noodles:

—¿Qué has hecho durante estos treinta años?

—Irme a la cama temprano —responde Noodles.

Debo confesar que cada vez que una derrota poderosa atravesó mi existencia, me dije: "Muy bien, pasaré los siguientes treinta años yéndome a la cama temprano". Es cierto que nunca pasaron treinta años y que la mayoría de las veces me desvelé, pero el espíritu de quien confía desencantadamente en el tiempo no me abandonó.

Vi por primera vez la película en 1985, en un cine de la calle Lavalle, en compañía de mi padre. No he vuelto a escuchar mejores comentarios sobre una película que aquellos con que mi padre terminó de explicármela cuando salimos de la sala. Tardé casi diez años en conseguir el CD con la música de Morricone. Escuchándolo una y otra vez, escribí mi primera novela sobre el barrio del Once, *El alma al diablo*, un largo *flash back* que en parte responde a la estructura de la película. Y nunca hubiera escrito la novela *Tres Mosqueteros*, en 1998, otra vez de judíos en el Once —judíos montoneros, judíos sionistas, etc.—, de no haber visto *Érase una vez en América* en 1985.

El final de la película es el rostro de De Niro inmerso en una sonrisa opiácea. Muchas veces, cientos de veces, me he preguntado por qué sonríe. Lo han traicionado, lo han despojado, lo ha perdido todo. ¿Por qué sonríe? Tal vez porque nadie ni nada, ni siquiera los golpes más terribles que un hombre puede recibir, lograron despojarlo de su cosmovisión.

Aquella madrugada ya era mañana cuando llegué al estudio. El sol de todos modos apareció por mi ventana, pese al frío y al empate. ¿Qué iba a hacer? Argentina seguiría existiendo, el Once también, yo también. La vida era un 1 a 1 permanente, pero nadie quedaba descalificado mientras siguiera respirando.

Yo era una de las personas más afortunadas que conocía. No es que le debiera nada a nadie, pero debía entretener a los lectores hasta el próximo Mundial. Podíamos asociarnos a través de mi teoría de la indiferencia benigna: no hay mejor modo que un libro para lograrlo.

En vez de tirarme a dormir sobre el incómodo diván, prendí la computadora. Estaba en la Argentina, estaba en el Once: era el lugar desde el cual contaba mis historias.

Epílogo

Escribí las últimas líneas de este libro antes de terminarlo. Ya tenía el final, pero aún me faltaba corregir varios capítulos. La corrección no es fácil. En mi caso, a menudo me resulta más dificultosa que la creación. Sospecho que en muchas situaciones distintas podemos decir lo mismo: crear algo es más fácil que mejorarlo.

Era diciembre de 2004. Decidí cerrar el libro como estaba y abrirlo sólo al regresar de mis vacaciones. Me iría al mar, me olvidaría del libro y al regresar vería de qué se trataba. Pero aquella mañana del último día de diciembre, a punto de hacer la última caminata previa a las vacaciones, me sorprendió el tono de los programas radiales.

Cuando prendí la radio, la voz de los locutores no respondía a esa excitación impostada con que tratan de despertarnos: "Arriba, vamos, es un día precioso en Buenos Aires, son las seis y media de la mañana...". Pasé por distintos programas y las voces sonaban apagadas, los comentarios parcos, ninguno informaba nada en particular. Hasta que finalmente escuché a uno de ellos hablar de "más de cien chicos muertos...". Era la tragedia de Cromañón.

El 30 de diciembre, sólo una noche antes de la del año nuevo, había ocurrido un incendio en un salón bailable del barrio de Once, en Bartolomé Mitre y Ecuador. El impacto de la noticia fue tal que salí a la calle medio boleado y, en lugar de caminar, me tomé un taxi: no pude ubicar el lugar exacto —aunque pasaba por allí diariamente— hasta que el taxista me explicó que el tránsito estaba cargado porque habían cortado desde Rivadavia y Ecuador hasta Ecuador y Valentín Gómez.

Alrededor de cuatro mil jóvenes, de entre catorce y veintipico de años, se habían encerrado a escuchar al grupo de música "Callejeros" en un local que tenía capacidad para mil personas. Este despropósito no era una novedad. Pero, en particular, "Callejeros" y algunos de sus seguidores practicaban un hábito que potenciaba el peligro: arrojar bengalas en lugares cerrados.

Durante meses y meses los dueños de los locales, las autoridades respectivas, los músicos y el público compartieron ese ritual de riesgo sin darse por enterados. Los dueños de los locales y los funcionarios o efectivos encargados de la seguridad, a diferencia de los espectadores, están obligados a saber cuántas personas entran sin riesgo en un sitio público y a implementar las medidas para que esa cantidad no sea superada.

Mientras escribo estas líneas, aún no se sabe si el dueño de Cromañón, Omar Chabán, ordenó o no cerrar las puertas de emergencia con candado para que no se colaran espectadores sin pagar. O si estaban cerradas o inútiles por cualquier otro motivo. Antes de que comenzara el recital, les ordenó seriamente a los espectadores que no arrojaran bengalas porque era mortalmente peligroso.

Luego de que comenzara el incendio, escapó del sitio sin brindar asistencia a los jóvenes: ni a los que yacían sofocados ni a los aún encerrados.

El salón no respondía, ni en sus materiales de construcción, a las mínimas normas de seguridad contra incendios. Hoy, mayo de 2005, Omar Chabán está procesado y preso a la espera del juicio.

Los miembros de la banda "Callejeros" también están procesados, sospechados de haber permitido el ingreso ilimitado de espectadores, entre otras acusaciones. Lo que no es una sospecha sino una certeza es que alentaban el lanzamiento de bengalas.

Murieron 194 personas. Algunos de los espectadores habían dejado a sus hijos —bebés— durmiendo en el baño, que funcionaba como improvisada guardería; de modo que también murieron niños y lactantes. Algunos de los propios espectadores arrojaron las bengalas que incendiaron el lugar. No se sabe quién o quiénes arrojaron la o las bengalas causantes del siniestro; decenas de ellos arrojaban bengalas en lugares cerrados, recital tras recital.

Sobre la policía y las autoridades municipales, desde el Jefe de Gobierno hasta los demás escalafones encargados de la seguridad en los sitios públicos, también recayeron todo tipo de sospechas: básicamente, de aceptar sobornos a cambio de ser menos rigurosos en las inspecciones, o de llana ineficacia para proteger la vida de los porteños. Al día de hoy, no se ha podido aclarar fehacientemente ninguno de los cargos.

El 31 de diciembre de 2004 fue uno de los fines de año más luctuosos de los que tengamos memoria los argentinos, y el día siguiente a la peor tragedia no natural y no programada que haya sufrido el país. Los argentinos no festejamos la llegada de 2005, apenas nos resignamos a soportarlo.

¿Tendría que agregar aun más muertes en el libro? ¿No se acabarían los monumentos funerarios, como le había preguntado a Iaakov Agam, hasta que llegara el Mesías? Con el tiempo, en Bartolomé Mitre al 3000, sobre las ruinas de Cromañón, los parientes y amigos de los muertos levantaron un santuario.

Aquel 31 de diciembre me bajé del taxi porque llegaba más rápido caminando: el tránsito parecía una procesión fúnebre. Llegué a mi estudio y pensé que no podría olvidarme del libro ni siquiera en las vacaciones. ¿Cómo lo seguiría ahora? ¿Pero a quién podía importarle? A mí tampoco. Habían muerto casi doscientos chicos...

Cuando regresé, en enero, me senté frente a la computadora y me dije que, una vez más, tenía que seguir trabajando. ¿Pero cómo? Mi abuela muerta vino en mi auxilio. Entró por la ventana de mi estudio. No era una presencia corpórea, pero podía percibirse. A diferencia de sus últimos días, tenía la mente clara; como cuando caminamos por la orilla, en Miramar y me confesó que ella también escribía, pero que nunca me iba a mostrar su cuaderno.

—La vida no tiene ningún sentido, abuela —le dije.

A esa declaración concreta, no contestó. Incluso, creo, no la refutó. No me la quiso refutar. Pero yo insistí:

—Abuela, ¿qué tengo que hacer?

Durante varios minutos, sólo se escuchó el ronronear del disco rígido de la computadora. Y finalmente, escuché la voz de mi abuela con la misma nitidez con que uno siente una brisa en una quinta un día sofocante del verano porteño:

—Escribí algo que tenga sentido —me dijo.

Marcelo Birmajer
Barrio del Once, Semana de Mayo del 2005

Bibliografía

Abós, Álvaro, *Al pie de la letra. Guía literaria de Buenos Aires*, Buenos Aires, Mondadori, 2000.

Andruetto, María T., *Stéfano*, Buenos Aires, Sudamericana, 2001.

Bra, Gerardo, *La organización negra*, Buenos Aires, Corregidor, 1982.

———, "La mutual de los rufianes", en *Todo es Historia*, Nº 121, junio 1977.

Boletín de Estudios del Instituto Histórico de la Ciudad de Buenos Aires, Nº 9, Buenos Aires, Municipalidad de la Ciudad de Buenos Aires, 1984.

Brauner Rodgers, Susana, "La comunidad judía alepina en Buenos Aires: de la ortodoxia religiosa a la apertura y de la apertura a la ortodoxia religiosa (1930-1953)", en EIAL (Estudios Interdisciplinarios de América Latina y el Caribe), volumen 11, Nº 1, enero-junio 2000, Universidad Nacional del Centro de la Provincia de Buenos Aires (UNICEN), Centro de Estudios Interdisciplinarios de Asia y África, UBA.

Caterina, Luis M., *La Liga Patriótica Argentina. Un grupo de presión frente a las convulsiones sociales de la década del '20*, Buenos Aires, Corregidor, 1995.

Cutolo, Vicente O., *Historia de los barrios de Buenos Aires*, tomo II, Buenos Aires, Elche, 1996.

Deutscher, Isaac, *Los judíos no judíos*, Buenos Aires, Kikiyon, 1969.

Faerman, M.; Finzi, P. y Toker, E. (editores), *El imaginario judío en la literatura de América Latina. Visión y realidad*, Buenos Aires, Shalom, 1990.

Feierstein, Ricardo, *La logia del umbral*, Buenos Aires, Galerna, 2001.

———, *Historia de los judíos argentinos*, Buenos Aires, Ameghino, 1999.

Gutman, Daniel, *Tacuara, historia de la primera guerrilla urbana argentina*, Buenos Aires, Vergara, 2003.

Jarach, V. y Smolensky, N., *Tantas voces, una historia. Italianos judíos en la Argentina 1938-1948*, Buenos Aires, Temas, 1999.

Johnson, Paul, *Historia de los judíos*, Buenos Aires, Vergara, 1991.

Kamenszain, Tamara, "Los barrios judíos", *Plural*, Nº 21 y 22, octubre y noviembre 1979.

Kapszuk. E., Lejorowicz, D. y Rosemberg, J., *Guía Shalom Buenos Aires*, Nº 1, 1999-2000.

Larraquy, M. y Caballero, R., *Galimberti. De Perón a Susana. De Montoneros a la CIA*, Buenos Aires, Norma, 2000.

Laubstein, Israel, *Bund. Historia del movimiento obrero judío*, Buenos Aires, Acervo cultural, 1998.

Lewin, Boleslao, *Cómo fue la inmigración judía a la Argentina*, Buenos Aires, Plus Ultra.

Lvovich, Daniel, *Nacionalismo y antisemitismo en la Argentina*, Buenos Aires, Ediciones B, 2003.

Mirelman, Víctor A., *En busca de una identidad: Los inmigrantes judíos en Buenos Aires, 1890-1930*, Buenos Aires, Milá, 1988.

Ningún futuro sin pasado. Programa Patrimonio de los Barrios, Subsecretaría de Patrimonio Cultural del Gobierno de la Ciudad de Buenos Aires.

Nudler, Julio, *Tango judío: del ghetto a la milonga*, Buenos Aires, Sudamericana, 1998.

Perednik, Gustavo, "La judeofobia embolsada", en VV. AA., *Reflexiones*, Buenos Aires, Milá, 2005.

Piñeiro, A. y Trueba. C., *Balvanera y el Once*, Buenos Aires, Cuadernos del Águila de la Fundación Banco de Boston, 1996.

<Portela, Héctor M.><*Balvanera*><www.leedor.com>

Pioneros de la Argentina: los inmigrantes judíos, Buenos Aires, Manrique Zago Ediciones, 1982.

Salinger, J.D., *Levantad, carpinteros, la viga del tejado*, Buenos Aires, Sudamericana, 1973.

Saimolovich, Daniel, "Los judíos y Buenos Aires", *Plural*, Nº 24, julio de 1980.

Schalom, Myrtha, *La Polaca*, Buenos Aires, Norma, 2003.

Singer, Isaac Bashevis, *Escoria*, Buenos Aires, Planeta, 1991.

———, *La muerte de Matusalén*, Bogotá, Norma, 2003.

———, *Passions*, New York, Farraux, Straus, Giraux, 1975.

Tiempo, César, *Sábado pleno*, Buenos Aires, M. Gleizer, 1955.

Toker, Eliahu, *Buenos Aires esquina sábado* (antología), Buenos Aires, Archivo General de la Nación, 1997 (incluye CD).

———, *Sus nombres y sus rostros*. Álbum recordatorio de las víctimas del atentado del 18 de julio, Buenos Aires, Milá, 1995.

Vázquez Rial, Horacio, *Frontera Sur*, Barcelona, Ediciones B, 1998.

———, *Perón, tal vez la historia*, Buenos Aires, El Ateneo, 2005.

VV. AA., *Israel, un tema para la izquierda*, Buenos Aires, Nueva Sion, 1968.

Walsh, Rodolfo, *El caso Satanowsky*, Buenos Aires, De la Flor, 2004.

Weinstein, A. y Toker, E., *La letra ídish en tierra argentina. Bio-bibliografía de sus autores literarios*, Buenos Aires, Milá, 2004.

Yídish Wisdom, San Francisco, Chronicle Books, 1996.

Páginas web

Comunidad Peruana Free Web site hosting

Balvanera Web

Diarios y revistas

Clarín

El Cronista Comercial

La Nación

Página/12

La Maga
Lyra, 1968.
Primera Plana
Todo es Historia

Entrevistas

Eduardo Abad (Comunidad Sucath David)
Max Berliner (actor)
Ricardo Feierstein (escritor)
Samuel Hajum (IFT)
Daniel Homsani (comerciante)
Moshe Korin (Secretario de Cultura de la AMIA)
Elías Levy (restaurante Sucath David)
Hector Portela (periodista especializado en barrios de Buenos Aires)
Eliahu Toker (escritor)

Fuentes originales de los relatos

Los relatos "La kipá" y "El anillo" (fragmento de "Tres de Once") están incluidos, respectivamente, en los siguientes libros de Marcelo Birmajer: *El fuego más alto* (Buenos Aires, Norma, 1997) y *Nuevas historias de hombres casados* (Buenos Aires, Alfaguara, 2001).

Colaboró en investigación periodística
y entrevistas: Damián Szvalb

Este libro se terminó de imprimir en el mes
de abril de 2006 en Kalifón S.A.,
Ramón L. Falcón 4307,
(1407) Ciudad de Buenos Aires,
República Argentina.